미래 투자전략의 핵심축

토큰증권

STO

Security Token Offering

이 책을 쓰는 데 도움을 주신 차충열목사님,
김복희목사님, 일류코리아 용시온 이사님 감사드립니다.

미래 투자전략의 **핵심축**

토큰증권

STO

Security Token Offering

이재성 지음

목차

2부 토큰증권(STO)이란 무엇인가?

🔒 서문

성공이란 무엇인가? 사람은 저마다 가치관이 다르고, 삶의 목표 또한 다르다. 그러니 자기 삶의 중심축을 어떤 가치로 삼느냐에 따라 성공의 정의는 달라질 것이다. 그러나 성공에는 반드시 한 가지 공통점이 있고, 나는 그것을 '도전을 통해 얻는 경험 가치'에 있다고 여긴다. 위기나 기회 상황에서 무엇을 어떻게 하는가는 아주 중요한 문제다. 왜냐하면 지금 이 순간에 어떤 것을 했느냐가 다음 순간에 무엇을 경험할지 결정하기 때문이다. 선택과 결정을 통한 경험은 성장의 기회를 가져오고, 결국 성장은 성공으로 가는 주요한 통로가 된다. 모든 성공과 성장은 자신의 내면에서부터 시작된다는 것을 잊어서는 안 된다.

1944년 브레튼우즈 협정에 따라 이전에 기축통화 역할을 했던 영국의 파운드화가 몰락하고 미국의 달러화가 기축통화로 부상했다. 기축통화는 국제 거래에서 결제 수단으로 통용되고 환율 결정에 기준이 되는 통화를 말한다. 이것이 파운드화에서 달러로 바뀌고 난 후 미국은 100년 이상 전 세계 금융시장을 이끌어 오면서 성장과 발전을 이루었다. 「위대한 개츠비」의 시대 배경인 1920~1930년대 세계 대공황이 발생하기 전, 미국이 신흥경제부국으로 성장한 원동력이 된 셈이다. 그러나 금융의 혁신이라고 할 만큼 커다란 변화를 가져오지는 못했다. 때에 따라서는 양적완화를 통해 달러의 통화를 증가시키기도 하고, 테이퍼링^{Tapering}을 통해 축소하면서 미국은 전 세계 금융시장을 주도해왔다.

하지만 현재 국제 정세는 예전과 같지 않다. 지난 2008년 발생한 금융위기를 계기로 비트코인과 같은 암호화폐가 등장했다. 우리나라뿐만 아니라 100여 개 국가에서 CBDC를 발행했거나 준비하고 있다. 블록체인 기술을 바탕으로 다양한 스테이블 코인이 나오고, 미국과 유럽, 일본 등 여러 나라에서 토큰증권(STO)을 제도권에 편입하기에 이르렀다. 지난 2023년 2월 금융위원회는 토큰증권 가이드라인을 발표했다. 다소 늦은 감이 있지만, IT 강국인 우리나라에서 토큰증권이 금융과 산업 전반에 미칠 영향은 상당히 크다고 예상한다.

이 책에서는 짧게는 2~4년 안에, 장기적으로 보면 2030년 전후 세계 금융시장의 중심축이 될 토큰증권(STO)에 관한 전반적인 내용을 다루었다. 무엇보다 토큰증권의 뿌리라고 할 수 있는 블록체인 등에 대해서도 자세히 설명하여 미래 투자자들에게 도움을 줄 수 있도록 구성했다.

"모든 위대한 변화는 도미노처럼 시작된다"라는 말이 있다. 지금이라도 미래 투자의 중심축이 될 토큰증권(STO)에 관심을 갖는다는 건, 중요한 기회의 문을 연다는 말과 같다. 이 책을 통해 독자들이 토큰증권(STO)의 문을 열고 나아가 성장하기를 바라는 마음이다.

2023년 11월

이　재　성

1부

블록체인이란 무엇인가?

 INSIGHT VIEW

세계 3위 코인 제국 FTX의 몰락

　대규모 인출 사태로 유동성 위기에 빠진 가상화폐거래소 FTX가 지난 2022년 11월 11일 미국 델라웨어 주 법원에 파산법 11조에 근거하여 파산 보호를 신청했다. FTX는 글로벌 코인 거래소 가운데 3위를 기록했던 코인 제국이고, FTX CEO 샘 뱅크먼-프리드^{Sam Bankman-Fried}는 '코인계의 JP 모건' 또는 '코인계의 워런 버핏'으로 불리던 30대 코인 갑부였지만, 결국 그는 몰락했다. 블룸버그와 로이터 통신 등 전 세계 외신들은 연일 FTX의 몰락을 보도했다.

　유동성 위기를 맞아 채 1주일을 버티지 못하고 순식간에 무너지고 만 FTX 사태는 가상화폐 역사상 최대 규모의 파산 신청 사례라고 할 수 있다. FTX는 부채만 최대 66조 원에 달하며, 채권자는 10만 명이 넘는다. 특히 알라메다 등 130여 개 계열사도 함께 파산 절차를 밟고 있기 때문에 FTX의 몰락은 '코인판 리먼 사태'로 번질 수 있다.

　2022년 초 기업가치 44조 원에 이르던 FTX는 뱅크런 4일 만에 무너졌고, 세계 코인 시장에 엄청난 후폭풍을 몰고 왔다. 코스피가 급등했고, 환율이 하락하면서 외국인의 매수를 유인했다. 국내 대기업 주가가 폭등하며 지수 상승도 이끌었다. 특히 비트코인^{bitcoin}과 이더리움^{Ethereum}, 솔라나^{Solana} 등도 긴장의 끈을 놓을 수 없는 상황에 처하게 되었다. 미국 법무부와 SEC의 조사 결과 FTX가 고객 자산의 상당액을 뱅크런에 사용한 것은 추가적인 악재와 노이즈로 작용했다.

그러나 FTX가 한때는 플랫폼상에서 주식의 토큰화를 지원하는 솔루션 제공업체인 "Digital Asset AG"와 독일연방 감독청의 라이선스를 가지고 있는 투자사 "CM-Eauity AG"와 함께 분할 주식 공개(FSO: Fractional Stocks Offering)를 통해 FTX에서도 글로벌 기업에 소액으로도 투자할 수 있도록 했다. 분할 주식 공개된 기업들은 테슬라^{Tesla}, 넷플릭스^{Netflix}, 애플^{Apple}, 페이스북^{Facebook}, 아마존^{Amazon} 등 10여 개 기업이 넘는다. 4차 산업혁명과 함께 주목받아온 가상화폐 혁명은 과연 수많은 악재 속에서 막을 내릴 것인가?

레프 톨스토이는 "인류가 어디로 가고 있는지는 아무도 모른다. 단지 '당신'이 어디로 가고 있고, 어디에 있는지를 아는 것이 우리가 할 수 있는 최고의 지혜다"라고 말했다. 이 말을 톨스토이가 살던 시대가 아닌 4차 산업혁명의 한복판에서 다시 생각해보면 길이 보일 것이다.

예나 지금이나 아무리 복잡한 현상일지라도 그 본질은 단순하기 때문이다. 투자에 마법은 있을 수 없다. 그 원칙과 기준점을 잡는 것은 투자자, 즉 '당신의 몫'이다.

미래 투자의 중심축이 된 STO

　오랜 세월 동안 '투자와 관련한 삶'을 살아온 나로서는 앞으로도 인생의 중심축이 크게 변하지는 않을 것이다. 사실 나는 오래전부터 현재가 아닌 미래에도 적용 가능한 투자 전략과 관련된 자료 등을 모으기 시작했다. 변화의 속도가 빠른 미래형 투자 시스템 속에서 내가 특히 주목한 것은 바로 STO^{Security Token Offering}다. STO는 가상자산 거래나 자산 투자를 처음 시작하는 독자에겐 아직 낯선 개념이지만, 현재 미국과 유럽 등 세계 여러 나라에서는 투자의 중심축이 STO로 이동해가고 있다.

　STO란 법적으로 인정받은 토큰증권을 활용하여 자금을 조달하는 방식이고, 여기서 말하는 토큰증권은 전산상으로 거래되는 디지털 자산증권을 말한다. 인터넷에서 '토큰증권(STO)'을 검색해보면 블록체인 기반 분산원장 기술^{Distributed Ledger Technology}을 이용하여 가상자산 가운데 증권의 속성을 지닌 것이라고 나온다. 지난 2017년 미국 증권거래위원회는 가상화폐공개(ICO)를 통한 자금조달을 규제하기 시작했고, 토큰증권이라는 개념을 도입하여 투자 시장에 적용했다. 미국의 증권시장 또한 그 당시만 해도 STO에 관한 개념을 명확하게 정의하지 못했지만, 그럼에도 불구하고 미국은 STO를 가상자산으로서 증권과 동일한 규제를 적용해왔다. 이미 미국과 유럽 등 세계 여러 나라에서는 투자자 보호 의무, 시장질서 준수 등과 같은 제도적 측면에서 증권 규제 사항을 따를 경우에 한해서 STO를 허용해온 것이다.

우리나라의 경우는 그동안 STO와 관련한 증권 거래 형식에 수동적 입장을 유지해왔다. 하지만 이제 판도가 바뀌었다. 지난해까지만 해도 우리나라는 STO를 금지하고 있었으나, 불과 1년 만에 국내 증권시장에서 STO가 새로운 투자 시스템으로 부각되고 있다. 금융위원회는 지난 2023년 2월 6일 '토큰증권 발행과 유통 규율 체제 정비 방안'을 발표했다. 정부 기관이 발표한 가이드라인에서는 "가상자산과 같은 기술을 기반으로 발행되지만 '법적으로 규정한 증권'이다"라고 명확하게 정의를 내리고 있다.

"스마트 컨트랙트 토큰 사업이 속도를 내고 있다"라는 최근의 언론 보도를 통해 판세가 변하고 있다는 것은 쉽게 알 수 있다. 특히 하나증권은 2023년 8월 14일자 국내 여러 언론 기사를 통해 "토큰증권^{Security Token} 비즈니스에 속도를 가하고, 외부 업체 선정을 완료하여 가능한 빠른 시기에 스마트 컨트랙트 토큰 사업모델 플랫폼을 구축하겠다"라고 밝혔다. 따라서 다양한 기초자산을 보유한 많은 기업이 토큰증권을 발행하여 투자 가치의 확산과 더불어 유통 시장이 넓어질 것으로 예측하고 있다. 그뿐만 아니라 투자 고객들 또한 기업의 미래 가치를 판단하여 좀 더 쉽고 빠르게 투자시장에 참여할 수 있게 되었다.

이 책에서는 기존과 다른 방식의 STO 투자 시스템의 도입과 함께 급변하는 '미래 투자 시장에서 개인 투자자는 무엇을 어떻게 준비해야 할 것인가?'에 대해 살펴볼 것이다.

영국 출신의 미국 투자자이자, 경제학 교수인 벤저민 그레이엄 Benjamin Graham 은 증권분석의 창시자이자 가치 투자자의 아버지로 널리 알려진 인물이다. 이미 오래전 그는 "성공하는 투자자가 되기 위해 비범한 통찰력이나 지성은 필요 없다"라고 역설하면서, "투자자들에게 가장 필요한 것은 단순한 규율을 채택하여 그것을 계속 유지하고 지킬 수 있는 소신이다"라고 강조했다.

세계적인 투자자인 워런 버핏 또한 "투자는 지능이 높은 사람이 이기는 게임이 아니다. 투자에 필요한 것은 투자자 스스로 결정을 내릴 수 있는 진정한 지성의 토대와 함께 그것을 바탕으로 감정을 절제할 수 있는 능력이다"라고 밝혔다. 워런 버핏의 이 말은 앞으로 이 책을 읽어 나갈 독자들이 가슴에 깊이 새겨 놓아야 할 금언이라 할 수 있다.

투자는 투기와 다르다. 시작점부터 끝까지 전혀 다른 결과를 양산한다. 투자가 투자원금 보장을 기본으로 하여 미래에 발생할 적정수익을 기대한다면 투기는 투자 가치물에 대한 이성적 판단이나 안정성보다 확실한 승산 없이 높은 수익을 기대하는 것이다. 이처럼 투자와 투기는 그 본질부터 다르다.

현명한 독자라면 미래 투자의 중심이 될 STO와 관련하여 충분히 알아두어야 한다. 이 책에는 STO를 통해 투자 수익을 극대화하는 방법이나 비법 따위는 없다. 다만 미래를 위해 철저히 준비할 수 있는 방법을 일러줄 뿐이다. 먼저 새로운 시스템으로 변화의 중심에 서게 될 STO에 대해 자세히 알아보고, 미래증권투자 방식의 변화 속에서 실수하지 말아야 할 부분이 뭔지 알아볼 것이며, 부정적인 투자 관념에서 벗어나 새로운 기회의 장으로 진입하는 마음가짐에 대해 설명할 것이다.

STO란 블록체인 기술과 결합한 투자 방식이다. 그렇기 때문에 이 책에서는 초보자가 알아야 할 핵심 사항, 즉 블록체인과 STO에 관해 다양한 관점에서 분석하고 있다. 또 초보 투자자를 위해 기본 개념부터 현재 적용되고 있는 시스템의 변화까지 다룸으로써 블록체인과 STO 투자전략 입문서로서 활용도를 높였다.

무엇보다 오랜 세월 동안 투자자로서 한 길을 걸어온 나로서는 이 책을 '독자와 함께 동행한다'는 생각으로 썼다. 더불어 블록체인과 STO를 중심으로 투자에 필요한 마인드도 함께 소개하여 『블록체인과 STO 투자전략』을 위한 기본도서 역할을 충실히 할 수 있도록 구성했다.

01

세계 최초의 암호화폐, 비트코인

만약 당신이 미래에 관해 생각하지 않는다면
당신은 미래를 얻을 수 없다.

―

존 골즈워디 John Galsworthy

불과 6년 전, 그러니까 2017년 말 온 세계의 이목이 하나의 키워드에 쏠렸고, 돌풍을 일으키는 기사들이 쏟아졌다. 뉴스와 미디어에 실린 수많은 이슈 가운데 빅데이터 분석에서 키워드 1위를 차지한 것은 단연 '비트코인과 블록체인'이었다. 전 세계 사람들은 어느 날 갑자기 등장한 이 두 단어를 TV와 신문, 인터넷 등을 통해 접했는데, 한발 앞선 투자로 큰 수익을 얻었다는 투자자에 대한 소문이 금융과 투자시장에서 떠돌았다.

　우리나라도 예외는 아니었다. 열풍은 쉽게 수그러들지 않았고, 2017년 초반 무렵 코인당 100만 원에 불과했던 비트코인 가격은 한때 2,500만 원까지 치솟았다. 여의도 증권가에서는 20대 젊은 직원이 비트코인으로 몇 십억을 벌어 퇴사했다는 이야기가 영웅담처럼 회자되었다. 다들 일확천금의 주인공을 부러워했지만, 실제 그는 "지식과 미래에 투자하는 것이 여전히 최고의 수익을 낳는다"라는 것을 보여준 투자자이자 행동가였는지도 모른다.

　비트코인은 사토시 나카모토Satoshi Nakamoto가 지난 2009년 개발한 세계 최초의 암호화폐다. 사토시 나카모토라는 이름은 가명이며, 실제 그가 누구인지는 아무도 모른다. 다만 일본식 이름을 사용한 신원 미상의 프로그래머라고 추측할 뿐이다. 비트코인은 사토시가 2008년에 쓴 「비트코인, 개인 간 전자화폐 시스템」이란 9쪽짜리 논문에서 처음 언급되었다. 사토시는 글로벌 금융위기를 몰고 왔던 리먼브러더스 파산 직후인 2008년 10월 31일 수백 명의 공학자와 프로그래머에게 이메일 한 통을 보냈다.

"첨부파일로 보낸 9쪽짜리 논문에는 누구도 조작할 수 없고, 개인 정보를 요구하지도 않으며, 금융기관을 거치지 않으면서 거래의 투명성이 완벽하게 보장되는 새로운 통화 시스템과 기술에 관한 내용이 들어 있다. 미래 혁명을 앞당길 이 화폐의 이름은 비트코인이다. 이것은 컴퓨터의 정보 단위인 '비트'bit와 동전을 뜻하는 '코인'coin의 합성어라고 할 수 있다."

하지만 대부분의 사람들이 사토시가 보낸 메일을 삭제하였고, 그 가치를 알아본 사람은 겨우 몇 사람에 불과했다. 몇 개월 뒤, 사토시는 비트코인을 처음 발행하였는데, 그때가 2009년 1월 3일이다. 사토시는 '제네시스 블록'genesis block이라는 비트코인 첫 블록을 채굴한 뒤 다시 메일을 보냈다. 세계 최초의 암호화폐 탄생을 알렸지만, 이전과 반응은 똑같았다. 다만 미국에서 활동하는 프로그래머 할 피니Hal Pinny만이 제네시스 블록에 관심을 가졌다.

그 뒤, 할 피니는 사토시와 함께 비트코인의 발전을 이끌었고, 세상은 비트코인의 광풍에 휩싸였다. 그 이전에는 상상하지 못한 새로운 투자 세계가 열린 것이다. 다른 분야와 마찬가지로 '가치 투자' 또한 다가올 미래를 어떻게 예측하고, 분석하여 적용할 것인지가 중요하다. 불과 6년 전 비트코인의 가치를 알아챈 사람들은 여전히 그 투자 혜택을 누리고 있다.

그런데 비트코인이란 무엇인가? 쉽게 설명하면 인터넷이 연결된 곳이라면 때와 장소에 상관없이 언제든 사용할 수 있는 새로운 형태의 화폐, 즉 암호화폐를 말한다. 사토시는 이것을 '가상화폐'라고 규정했지만, 현재 미국과 유럽 등 해외에서는 일반적으로 '암호화폐'라고 부르고 있다. 『블록체인 혁명』을 쓴 돈 탭스콧[Don Tapscott]은 "19세기 변화의 중심에 자동차가 있었다면, 20세기를 연 것은 인터넷이었다. 그리고 21세기 혁명의 중심에는 바로 블록체인이 있다"라고 말한다.

비트코인은 인터넷 이후 최고의 혁명이라 불린다. 그러면 비트코인의 네 가지 특징에 대해 알아보자. 첫째, 운용된 지 채 10년이 되지 않았는데도 그 파급 효과가 실로 엄청나다는 것이다. 둘째, 블록체인 기술을 활용한다는 것. 셋째, 별도의 중앙통제기관이나 시스템 관리자 없이도 디지털 재산을 언제든지 거래할 수 있으며, 넷째, 데이터 변형과 변조가 불가능하기 때문에 안전성이 확보된다는 점이다.

비트코인을 비롯한 암호화폐는 블록체인 기술을 바탕으로 하지만, 중앙통제 방식을 따르지 않는다. 예를 들면, 현재 금융기관에서 관리하는 자산의 거래 가치와 데이터는 중앙집권적 구조를 지닌다. 그러나 블록체인 시스템은 개인 간의 거래 즉 P2P[Peer to Peer] 네트워크 형식인 분산장부 구조로 데이터를 관리 운용한다. 특히 블록체인 기술을 바탕으로 생산된 암호화폐는 모든 거래를 기록하고 공개한다. 그뿐만 아니라 암호화폐화된 가치 데이터가 개인 간에 체인처럼 연결되어 쉽게 열람할 수 있다. 특히 이용자 간에 서로 감시하는 구조를 띠고 있어서 안전성을 바탕으로 운용된다.

비트코인 광풍이 불자 초보 투자자들은 이런저런 궁금증을 쏟아

냈다. "블록체인과 비트코인은 어떻게 다른가요?"라든가, "블록체인은 4차 산업혁명을 이끌 안전한 시스템이라고 들었습니다. 하지만 비트코인 등 암호화폐는 투자를 가장한 사기라고 하던데, 맞나요?" 등등. 세계적인 투자자 워런 버핏은 비트코인의 불확실성 때문에 투자를 하지 않았으며 "암호화폐는 도박이나 다름없다"라고 단언했다. 하지만 그는 "블록체인은 앞으로 세상을 바꿀 아주 새로운 기술임은 분명하다"라고 평가했다.

먼저 "투자에서 중요한 것은 많이 아는 것이 아니라, 자신이 모르는 것이 무엇인가를 냉철하게 정의하고 인식하는 것이다"라고 말한 워런 버핏의 말을 떠올려보자. 그는 확실성에 투자하는 이성적 투자자이지만, 비트코인의 가치를 알아보지 못한 것은 아마도 땅을 치며 후회할 수도 있기 때문이다.

미래를 상상할 수는 있지만 실제 예측하고 적용하기란 쉽지 않다. 변화의 속도가 이전과 다르고 '예측'에는 언제나 '변수'가 작용하기 때문이다. 케빈 켈리^{Kevin Kelly}는 "미래를 대비하고 예측하는 능력이 생존과 번영을 위한 최우선 과제로 대두되는 시대를 맞고 있다. '초불확실성 시대'^{hyper-unconcertainty}를 맞아 경제 주체들은 다가올 미래 사회의 변화에 대비하고, 불확실성에 따른 위험 요인에 효과적으로 대응하기 위해 미래 예측의 중요성에 대한 인식을 재고해 나갈 필요가 있다"라고 말한다. 『뉴욕타임스』로부터 위대한 사상가라는 칭호를 얻기도 한 케빈 켈리의 말에서 핵심은 단순하다. "테크놀로지, 즉 미래 기술이 진화하는 과정을 들여다보면 미래를 알 수 있다"라는 것이다.

투자 현장이나 강연장에서는 다양한 사람을 만나게 된다. 사람들 대부분은 "자신은 이성적으로 판단하여 투자하는 사람"이라고 소개하지만, 10분 정도 대화를 이어가다 보면 '실패한 기억을 트라우마'로 갖고 있는 사람들이 적지 않다. 모든 투자에 100퍼센트 성공이란 있을 수 없다. 실패의 그림자를 달고 사는 사람들에게 로버트 그린이 쓴 성공학 개론 『미스터리의 법칙』에 나오는 문장 하나를 소개한다.

"세상에는 두 종류의 실패가 존재한다. 첫 번째는 두려움 때문에 또는 최적의 시기만 기다리다가 아무것도 시도하지 않는 데서 오는 실패다. 두 번째는 대담하고 모험적인 정신 때문에 경험하는 실패다. 두 번째 경우 실패하여 타격을 입을 수도 있지만, 그 타격보다는 당신이 그 과정에서 배우고 깨닫는 것이 훨씬 더 중요하다."

실패하지 않고 투자에 성공하는 법칙 따위는 이 세상에 없다. 우리는 다만 실패율을 줄이면서, 성공의 기회를 잡는 방법에 관해 끊임없이 학습해 나가야 한다. 그런 시간을 통해 생각과 행동은 투자 감각을 길러줄 것이며, 그러한 유연성만이 실패를 줄이는 방법 가운데 하나라고 할 수 있다.

02

블록체인과 비트코인은 무엇인가?

블록체인은 인터넷 정보에 신뢰를 가져다주며,
동시에 인터넷의 모든 것을 잠재적으로
변화시킬 혁신의 아이콘이다.

–

이토 조이치

블록체인연구센터 박성준 센터장은 "블록체인은 사이버 패러다임 이후 인터넷 세상에서 새로운 변화를 가져올 또 다른 혁명적 사건이다"라고 말한다. 또한 "인터넷이 제3차 산업혁명의 토대가 되었다면, 제4차 산업혁명의 핵심에는 블록체인이 있다"라고 강조한다. 이와 같이 블록체인 기술은 이미 정치와 경제, 사회 문화 전반에 걸쳐 혁신의 아이콘이 되었다.

물론 아직 기술적 문제를 비롯한 시스템 보완의 문제가 남아 있지만 인터넷 등장 초기의 예를 충분히 검토해보면 해결 방법을 모색해 나갈 수 있다. 블록체인을 바탕으로 하는 가상화폐 투자자들은 이미 이러한 시스템이 작동하는 원리를 인지하고 있다. 하지만 이 책에서는 초보 투자자를 위해 먼저 '블록체인과 비트코인'에 관해 살펴보겠다.

결론부터 말하자면 블록체인은 기술이고, 비트코인은 가상화폐다. 블록체인이 없었다면, 비트코인을 비롯한 가상화폐는 존재할 수 없는 것이다. 예를 들면, 인터넷에서 활용되는 수많은 정보 시스템은 중앙에 서버를 둔다. 다시 말해 금융기관에서 관리하고 있는 거래 데이터를 자사 중앙 서버에 보관하듯이 중앙집권적 관리 시스템이 필요하다.

그러나 블록체인은 전혀 다르다. 개인과 개인의 거래를 바탕으로 하는 P2P 네트워크 형식으로 분산장부 기술을 이용해 데이터를 관리한다. 따라서 블록체인 기술을 바탕으로 한 가상화폐는 과거부터 현재까지 사용된 모든 거래를 기록하고 공개하고 있다. 이것이 가능하도록 만든 것이 바로 데이터를 체인처럼 연결한 블록체인 기술이다.

특히 P2P 방식으로 이용자들이 거래 내역을 공유하기 때문에 어느 한쪽에서 데이터가 유실되더라도 다른 곳에서 재생이 가능하므로 그 안전성이 검증되었다. 보통 중앙집권적 서버 시스템은 관리자가 필요하지만, 블록체인 기술은 관리자 없이도 운용된다. 따라서 블록체인은 금융산업의 중앙화시스템에서 분산화(탈중앙화)시스템으로 변화시키는 원동력이다.

비트코인이 디지털 화폐라는 것은 굳이 설명하지 않아도 이미 잘 알 것이다. 토큰증권인 STO를 이해하려면 이 블록체인에 관해 반드시 알고 있어야 한다. 제4차 산업혁명의 불씨로 일컬어지는 블록체인 기술은 데이터와 정보를 포함하고 있는 블록을 사슬처럼 서로 연결한 방식이다. P2P로 이용된 거래 데이터는 '블록에 쌓이고 사슬로 서로 연결'되어 있기 때문에 언제든 추적이 가능하다. 블록체인은 가상화폐에만 적용하여 사용되지는 않는다. 그 확장 범위가 다양하다. 최근에는 엔터테인먼트와 아트 비즈니스를 포함하여 공유사업 등까지 다양한 분야로 그 영역을 넓히고 있다. 특히 금융과 IT를 융합한 핀테크 분야에서 많은 기업과 정부가 블록체인을 활용한 개발 투자를 늘려가고 있다.

비트코인은 블록체인 기술이 있기 때문에 가능한 가상화폐다. P2P 네트워크 형태의 분산장부 구조로 데이터를 관리하는 블록체인 기술을 바탕으로 비트코인은 거래자 간의 기록을 안전하게 열람할 수 있고, 또한 서로서로 감시하는 기능도 가질 수 있게 되었다. 비트코인은 컴퓨터로 암호를 풀어내는 방식으로 생성되고, 시스템 상으로 발행 가능한 비트코인의 숫자는 2145년까지 2,100만 개만 채굴할 수 있다. 비트코인의 거래는 TTP^{Trusted Third Party} 방식에서 P2P 방식으로 네트워크에 있는 컴퓨터로 진행되며, 거래를 관리하거나 처리할 중개 조직과 중앙은행이나 정부가 별도로 필요하지 않다.

일본과 중국을 중심으로 수요가 급격히 늘어나면서 비트코인 가격이 급등했는데, 일본의 경우, 정부가 법 개정을 통해 2017년 7월부터 비트코인을 공식 지급 결제 수단으로 인정한 것이 확장의 도화선이 되었다. 비트코인의 거래 내역은 과거부터 현재까지 모두 기록된다. 특히 한번 기록되면 변경이 불가하다는 특징을 지녔다. 간단하게 말하자면 비트코인의 거래 데이터는 해시값^{hash value}으로 연결된 블록에 입력된다. 이때 거래 일시 기록과 버전 등의 정보가 블록에 입력되어 체인 모양으로 서로 연결된다. 따라서 한번 입력된 데이터의 내용은 변경이 불가능하다. 다시 말해 정보의 위조 및 변조를 막을 수 있다는 얘기다.

그런데 비트코인이 가상화폐로서 그 역할을 실행하는 데 어떻게 중앙의 통제를 받지 않을 수 있을까? 블록체인을 사용하는 비트코인의 중심에는 사람이 아닌 프로그램이나 프로토콜 등의 규칙이 있기 때문이다. 사토시 나카모토는 현재 사용되고 있는 화폐제도에 꽤 회의적이었다. 그는 "중앙은행이 화폐가치를 훼손하지 않는다고 생각하겠지만 화폐의 역사는 신뢰를 저버린 배반의 역사일 뿐이다"라고 말하기도 했다. 따라서 비트코인은 누군가 통제하고 관리하는 기존 화폐의 기능이나 역할과 완전히 다른 형식으로 개발된 것이다. 블록체인은 일련의 규칙에 따라 객관적으로 작동하는 방식이고, 이렇게 관리자가 없이 작동하는 조직체를 DAO^{Decentralized Autonomous Organization}이라고 부르며, 풀이하면 '분산형 자율 조직'이라고 할 수 있다. 비트코인이 바로 DAO의 일종이다.

특정 집단이나 심지어 정부의 통제를 받지 않는 탈중앙화된 비트코인의 운영 사례는 쉽게 찾아볼 수 있다. 앞서 말했듯이, 비트코인이 확장하는 데는 일본과 중국의 역할이 컸다. 과거 중국에서 위안화 약세가 이어지는 동안 비트코인은 대체 투자 가치로서 인정받았고, 최근 중국의 거대 자산가를 중심으로 비트코인의 수요가 급증한 것이 대표적 사례라고 할 수 있다. 일본은 이미 비트코인을 통화로 인정했고, 미국 버몬트 주는 송금법에 가상통화를 교환의 매개와 함께 계정 단위, 저장이 가능한 가치 수단으로 규정했다. 사토시 나카모토는 중앙집권화된 금융의 힘을 해체했을 뿐만 아니라 가상화폐라는 새로운 가치를 창출한 것이다.

03

블록체인의 정의

인터넷에서 '신뢰 프로토콜'은 중요한 요소다.
그런 의미에서 볼 때 블록체인 기술은
신뢰할 수단과 가치의 근간을 제공한다.

-

월터 아이작슨 Walter Isaacson

"

금융시장에 대변화를 가져올 토큰증권의 위력을 이해하려면 우선 그 바탕이 되는 혁신 기술에 대해 알아야 한다. 가까운 미래의 기술적 측면에서 보든, 산업과 기업의 비즈니스 관점에서 보든 블록체인은 AI와 빅데이터와 더불어 제4차 산업혁명의 중심이 될 것이다. 앞서 언급했듯이, 블록체인은 데이터와 거래 정보를 포함한 블록들이 서로 체인으로 연결된 방식이다. 블록체인을 이용하는 사람들은 데이터를 포함한 어떠한 거래도 추적이 가능하도록 허용되며, 이렇게 사용한 정보는 각각의 블록에 저장되어 서로 연결된다.

일반적으로 블록체인 기술은 자산의 거래라든가, 계약을 포함한 모든 거래를 기록할 때 그 안전성을 보장받는다. 그뿐만 아니라 부정한 방식의 조작을 사전에 방지함으로써 투명성을 지닌다는 점에서 효용성이 높다. 전문가들은 현재 우리가 사용하는 많은 정보들 가운데 이메일이나 팩스, 페이퍼 문서 등 낡은 방식들은 곧 사라질 것으로 예측하고 있다.

블록체인은 전혀 최신 기술이 아니며, 이미 1991년부터 전자장부 형태로 활용되어 왔다. 초기 블록체인 기술은 각각의 정보마다 전자 서명이 이루어지고, 개별 정보들을 서로 연결함으로써 디지털 방식으로 서명된 전자장부 형식이었다. 따라서 전자장부에 서명된 문서는 어떤 것이고, 또한 변경된 문서가 무엇인지도 쉽게 드러났다. 좀 더 알기 쉽게 설명하면, 블록체인을 활용한 디지털 장부는 디지털 회계 장부, 즉 거래를 기록한 각각의 계정마다 대변貸邊과 차변借邊을 기입함으로써 계정된 잔고를 갱신하는 방식의 장부라고 보면 된다. 블록체인은 위조나 변조가 불가능한 방식으로 데이터를 저장하기 때문에 네트워크상에 존재하는 수많은 컴퓨터에 복사됨으로써 거래를 보호하고 안정성이 확보된 기술 형식인 것이다.

그러면 블록체인의 가치 확장성을 좀 더 쉽게 이해할 수 있도록 인터넷과 월드 와이드 웹^{World Wide Web}의 관계를 살펴보자. 인터넷이 처음 세상에 선보인 것은 1983년이다. 하지만 인터넷이 놀라운 속도로 확장한 것은 바로 월드 와이드 웹이 있었기 때문에 가능했다. 인터넷을 통해 웹에 접속만 하면 가상공간에 축적된 무한 정보 서비스를 누구나 쉽게 사용할 수 있다는 강점을 만든 것이다. 비단 기술뿐만 아니라 문화적 가치로 축적된 다양한 정보 데이터를 누구나 쉽게 사용할 수 있기 때문에 인간의 지식과 상상력은 더 진보할 수 있었다.

인류가 불을 사용하게 된 것은 문명사에서 가장 혁명적인 사건으로 인류의 삶에 놀라운 변화를 가져왔다. 마찬가지로 인터넷이 전 세계를 하나로 연결한 수단이었다면, 웹은 그 문을 열고 미래로 나아가는 지식과 상상력의 통로가 되어 주었다. 현재 지구상 모든 국가와 사람들이 웹을 통해 접속하는 것처럼 블록체인을 활용한 기술의 발전은 상상할 수 없을 정도로 무한하다고 할 수 있다. 불의 사용으로 인류의 삶이 크게 변화되고, 웹을 통해 지식과 정보가 확장된 것과 마찬가지로 블록체인은 새로운 미래 가치를 창출하는 핵심인 셈이다.

블록체인의 기술 특성상 거래한 데이터가 기록되려면 네트워크

상에 연결된 다수의 컴퓨터 사용자 상호간 합의가 있어야 한다. 블록체인은 보안과 투명성, 효율성을 비롯하여 비즈니스 비용 감축이라는 혜택을 제공한다. 이러한 혜택은 금융과 소매업, 배송과 부동산 및 의료와 엔터테인먼트, 공연예술, 보험 등 상당히 광범위한 분야에서 활용할 수 있다. 특히 블록체인 사용자는 서로 직접 상호작용을 하기 때문에 거래에 있어서 별도로 중개인이 필요하지 않다.

『타임』 편집장과 CNN의 CEO를 역임한 작가 월터 아이작슨은 "인터넷에서 신뢰 프로토콜은 중요한 요소다. 신뢰 프로토콜이란 거래가 검증되고, 안전성을 증명하는 방법이다. 그런 의미에서 볼 때 블록체인 기술은 이런 수단과 가치의 근간을 제공한다"라고 말했다. 경영컨설턴트와 미래예측 전문가로서 활동하는 돈 탭스콧 또한 저서 『블록체인 혁명』에서 인터넷과 블록체인이 사용하는 데이터 방식의 차이점과 그 안전성을 쉽게 설명하고 있다.

블록체인의 데이터는 인터넷의 데이터와 중요한 부분에서 차이를 보인다. 인터넷에서 사용하는 정보 대부분은 가변적이고 일시적이다. 또한 정보의 생성 시점과 날짜가 과거 또는 미래의 정보와 핵심적인 연관성이 없다. 하지만 블록체인은 비트코인이 만들어지고 가치를 인정받고 거래를 시작한 순간부터 네트워크상에 영원히 기록된다. 비트코인이 유효하려면 블록체인의 이력뿐 아니라 비트코인 자체의 이력을 참조해 어긋남이 없어야 하기 때문이며, 블록체인 그 자체로 안전성을 보장받는 것이다.

좀 더 구체적으로 말하면, 블록체인 기술의 핵심은 안전성 확보를 통해 중개인의 필요성을 없앤 것이다. 서로 모르는 두 당사자 사이에서 안전한 거래를 위해 필요했던 제3자의 존재를 필요 없게 만들었다. 블록체인은 시간 순서대로 하나의 블록에 다른 블록이 서로 연결된 체인 형태로 출발한다. 그런 방식으로 블록체인은 타임스탬프를 활용해 해시값과 데이터를 기록한다. 이때 데이터와 새롭게 갱신한 항목들은 앞서 비유했던 디지털 회계장부에 타임스탬프를 활용해 기록된다. 그렇게 함으로써 위조와 변조를 방지하는 일이 가능해진 것이다.

예를 들어, 『뉴욕타임스』가 그동안 발행한 1면들을 따로 모아 이어 붙인다고 가정해보자. 각 호마다 서로 다르게 발행된 면을 시간 순서대로 구분해서 타임스탬프화하면 결국 순차적으로 뉴스를 저장할 수 있다. 이와 같은 방식으로 블록체인 기술은 위변조 방지 메커니즘을 구축한다. 블록체인에서 과거에 기록된 정보들은 일단 블록이 만들어지고 나면 다른 블록들과 상호 간 연결된 이후에는 조작이 절대 불가능하다. 한마디로 말하면 탈중앙화, 투명한 정보 공개, 그리고 정보의 위조 및 변조 방지이다.

블록체인 기술을 활용하면 중개인이 필요 없기 때문에 당사자 간 거래 속도를 높일 수 있다. 또한 거래 장부나 데이터베이스가 블록체인 네트워크 참여자들에게 분산되고, 이렇게 분산형 거래 환경에 참여한 사람들이 새로 갱신된 데이터를 검증하게 된다. 이것은 그동안 거래와 시스템 유지 등의 권한이 중앙에 집중된 환경과 전혀 다른 시스템 방식이다. 알기 쉽게 정리하면 블록체인은 암호화된 분산형 데이터베이스이고, 디지털 정보의 전달과 기록 및 추적이 분산된 공유장부 혹은 디지털 회계장부 상에서 이루어진다. 이러한 공유장부는 다수의 컴퓨터로 전송되어 네트워크 참여자들 사이에 합의된 메커니즘이 지속적으로 갱신하고 유지하게 된다.

블록체인 플랫폼을 공동 설립한 라눌포 파이바 소브링요^{Ranulfo} ^{Paiva Sobrinho} 박사는 "블록체인을 바탕으로 한 산업은 기존의 시대 흐름에서 벗어나 자기 역할을 키울 수 있다. 마일리지 같은 보상 프로그램이나 학습과 친환경적 행동을 부추기는 유인체계들은 블록체인 기술을 활용하여 사회 변화를 이끌 새로운 조류다. 분산원장 기술과 블록체인은 이러한 사회적 경험들을 통해 빠르게 새로운 주류에 올라설 수 있을 것이다"라고 말한다.

04

블록체인의 작동 방식과 장애물

미래를 향해 달려가 부딪혀라.
그러지 않으면 미래가 달려와
당신을 덮칠 것이다.

-

안토니 J. 단젤로

이제 블록체인이 어떤 방식으로 작동하는지 알아보자. 회사나 개인 등 참여자가 요청한 거래는 네트워크를 통해 장부의 사본을 가진 컴퓨터들에게 보내진다. 새롭게 생성된 거래 정보가 추가되면 기존 장부에 기록된 데이터가 즉시 갱신된다. 갱신이 이루어지기 전에는 노드^{Node}라고 알려진 네트워크 참여자들 간에 합의 메커니즘을 반드시 거쳐야 한다. 노드의 역할은 거래를 검증하고, 디지털 장부를 최신 상태로 갱신하는 것이다. 가상화폐의 거래, 스마트 컨트랙트 조항의 실행, 부동산 소유권에 관한 기록 등 무엇이든 상관없다. 일단 거래가 확인되면 하나의 데이터 블록으로 묶이면서 디지털 장부에 기록된 후 개별 블록들은 사슬로 연결된 블록체인을 만들어낸다.

새롭게 만들어진 블록은 기존의 블록과 체인화되기 전에 타임스탬프 서버에 의해 새로운 블록이 만들어진 시간이 기록된다. 그 후 해시함수에 의해 새로운 블록의 거래가 각각 해시값을 얻는다. 이처럼 개별 거래는 그 생성 시간과 고유한 값을 갖기 때문에 블록들이 연결되면 변경이 불가능한 상태로 유지된다. 새로운 블록이 이전의 다른 블록들과 체인으로 연결된다는 것은 새롭게 생성된 블록의 거래가 네트워크상에서 그 진위가 확인되고, 안전한 거래로 분류된다는 뜻이다.

블록체인 거래가 이루어지는 방식은 크게 7단계 과정을 거친다. 1단계에서 네트워크 참여자는 거래를 요청한다. 2단계는 그 거래가 노드들의 네트워크로 전파된다. 3단계에서 거래의 유효성이 노드들의 합의에 의해 결정된다. 4단계는 실제 거래에 앞서 계약, 기록, 업데이트, 서명 등을 검증한다. 5단계에서는 검증된 거래들이 하나의 블록 안에 묶이게 된다. 6단계는 새로운 블록을 이전의 블록들과 사슬로 연결하는 과정이다. 마지막 7단계에서는 거래가 안전하게 완료되고, 유효한 장부는 새롭게 갱신된다.

블록체인을 구성하는 다섯 가지 중요한 요소

1. 블록체인은 분산형 장부다. 앞서 설명한 대로, 거래는 다수의 컴퓨터와 노드 사이에서 분산되며, 참여자들은 네트워크 안에서 새로운 거래의 유효성이 확인된 후 갱신된 장부 사본을 갖는다.

2. 블록체인 기술은 각각의 참여자들이 장부를 갱신하여 최신 상태로 유지한다. 세계 여러 곳에 분포되어 있는 수많은 참여자가 하나의 블록체인 안에서 노드로서 참여하기 때문에 블록체인 기술은 개별 참여자들이 기록과 갱신 작업에 참여한 대가로 보상을 받도록 운영된다.

3. 블록체인 기술은 신뢰 프로토콜 방식으로 이루어진다. 거래에 참여한 사람들은 서로 알지 못한 상태에서도 주택 매매, 회사의 주식 매매, 상품의 매매 등 거래를 체결할 수 있다. 블록체인 환경에서는 참여자 간 상호작용과 함께 신뢰를 바탕으로 안전한 거래가 이루어진다.

4. 블록체인은 중개자가 필요 없다. 블록체인 기술의 핵심은 중개인 없이도 안전한 거래를 할 수 있다는 점이다. 블록체인 네트워크는 개별 참여자를 서로 연결하고, 계약 실행을 자동화하여 상호 간 거래가 이루어지도록 만든다. 따라서 기존의 중개 방식이나 중개인은 더 이상 필요가 없다.

5. 블록체인은 경제 가치와 혜택을 높인다. 블록체인은 참여자가 특정 블록체인 네트워크 안에서 상호작용이 가능하도록 만들며, 채굴자나 노드는 가상화폐나 수수료 지급을 통해 보상받는다. 블록체인은 참여자들이 특정한 공동장부의 데이터를 이중삼중으로 검토하는 투명한 시스템이고, 거래 자동화를 통해 은행 간 거래 수수료를 절감할 수 있기 때문에 경제적 혜택을 극대화할 수 있다.

블록체인이 21세기 변화의 핵심인 것은 분명하다. 하지만 블록체인은 아직 초기 단계이며 진화중이고, 우리 사회 전반에 적용되기 위해서는 넘어야 할 장벽이 존재한다. 현재 블록체인 기술은 기업과 소비자 간 솔루션보다 기업과 기업 간에 발생하는 거래의 통합과 자동화에 더 적합한 방식으로 활용되고 있다. 독자들은 우선 이런 상황을 이해할 필요가 있다. 왜냐하면, 여전히 소비자들은 게임이나 앱을 사용하면서 시스템 운영 방식이나 데이터가 어떻게 작동하는지에 관심이 없기 때문이다.

시큐리타이즈^{Securitize} 공동 설립자인 제이미 핀은 "자산 거래를 위한 토큰화는 지난 2019년에 본격적으로 시작되었다. 머지않아 투자자들은 오늘날 인터넷에서 광범위한 방식으로 정보가 유통되는 것처럼, 곧 토큰이 증권의 유통을 가로막을 기술적 이유나 장애가 없다는 것을 깨닫게 될 것이다. 이것이 실현된다면 유동성과 차세대 금융 시장은 새로운 출발점을 맞이하게 될 것이다"라고 말한다.

『포춘』이 선정한 1천 개 이상의 글로벌 대기업 가운데 블록체인 기술을 비즈니스 영역에 적용하기 위해 노력하는 기업 수는 해마다 늘고 있다. 하지만 기술적 쟁점이라든가, 권한 집중과 재능의 부재, 규제의 불확실성과 프라이버시 등의 장애물은 해결해야 할 우선 과제라고 할 수 있다. 블록체인은 복합적인 기술이다. 이것은 진보한 컴퓨팅 파워뿐 아니라 발전의 속도가 더딘 암호화를 필수적으로 요구하는 기술적 쟁점을 가진다.

또한 블록체인은 분산형 데이터베이스를 바탕으로 한다. 이것은 금융기관이나 정부 조직처럼 권한의 집중이 요구되는 다양한 비즈니스 모델에서는 장애물로 작동할 수 있다. 첨단 기술 개발의 특성상 블록체인 등 관련 시스템을 개발하기 위한 어려움은 여전히 존재한다. 우선 재능 있는 개발자가 부족하기 때문에 인적 자원 확보는 필수적이다. 이렇게 장애물이 될 수 있는 기술적 요인 외에 인위적인 요소가 있을 수 있으므로 인식의 변화도 필요하다.

블록체인은 중개인이 필요 없고, 중앙집중화 시스템의 영향을 받지 않는 반면, 불안 심리가 여전히 존재한다. 따라서 규제의 불확실성을 해소하기 위해 선명한 규제 방안 마련이 시급하다. 프라이버시 측면 또한 살펴봐야 할 문제다. 블록체인은 운영상 투명성 때문에 블록체인 프로젝트가 곤란을 겪을 수도 있다고 말하는 사람들도 있다. 블록체인 네트워크 참여자가 계정 주소에 있는 가상화폐의 양을 알게 되면 비밀 보장이 쉽지 않다는 불안감 때문이다.

벤저민 그레이엄은 투자에 있어 절대적인 원칙이나 마법 같은 행운은 없다고 말하곤 했다. 또한 그는 "월가에서 50년이란 세월을 보내는 동안 주식시장이 어떻게 변화할지 종잡을 수가 없었다. 그러면서 투자자가 어떻게 행동해야 하는가는 조금 더 확실해졌다. 그것은 절대 불변의 법칙은 없다는 것이고 이런 생각은 투자자로서의 태도에 중요한 변화를 가져왔다"라고 강조했다. 초보 투자자라면 경제학 교수이자 투자의 대가로 알려진 그의 경험에서 나온 이 얘기를 귀담아들어야 한다.

05

블록체인의 가치 중요성과 51퍼센트 공격

머리가 좋은 사람의 투자 성과는
원칙을 지키는 사람의 성과에 미치지 못한다!

–

윌리엄 번스타인

블록체인이 등장하기 전, 데이터베이스와 관련한 모든 권한은 뱅크오브아메리카나 제이피모건체이스 같은 은행들에 집중되어 있었다. 거대 자본 흐름의 중심에 있는 이 은행들은 고객이 무엇을 소유했고, 어떤 계정에서 어느 만큼의 돈을 옮겨 갔는지 기록했다. 고객 간에 이루어진 장부의 무결성이 확인되면 중앙 서버에 기록하는 방식으로 작동했다. 하지만 블록체인의 세계에서는 중앙집중형 데이터베이스가 필요 없다. 블록체인 환경에서는 은행과 고객들을 포함한 모든 참여자가 회계장부의 사본을 소유할 수 있다. 따라서 이용자 간 돈의 흐름이나 거래 내역 등을 손쉽게 확인할 수 있게 되었다. 물론 모든 거래 내역과 장부는 암호화되어 디지털 데이터로 저장된다.

그렇다면 암호화된 장부와 이중지불 방지 파일은 블록체인 환경에서 어떻게 구성되고 작동할까? 블록체인의 여러 가지 핵심 요소 가운데 하나가 바로 이중지불 방지 파일의 생성에 있다. 이중지불 방지 파일이라는 개념은 위조가 불가능한 단 하나의 파일이나 복제가 불가능한 단 하나의 데이터가 존재한다는 말이다. 예를 들면, 스마트폰으로 사진을 한 장 촬영했다고 생각해보자. 카메라 기능을 활용하여 사진을 찍은 후 다른 사람에게 사진 파일을 보내면 자동적으로 한 장의 사진 파일은 전송과 함께 사본이 여러 개 만들어진다. 처음 사진을 받은 사람은 추가로 사진을 복제 전송할 수도 있다. 하나의 파일을 다른 사람에게 보내면 전송받은 모든 사람은 동일한 데이터베이스 안에서 사본을 갖는다. 모든 사람이 동일한 사진 파일을 갖고 있지만, 위조와 복제가 불가능한 파일의 소유권은 오직 한 사람만 가질 수 있다.

그런 방식과 마찬가지로 블록체인 기술은 그 형태가 화폐나 부동산, 자동차와 같은 자산처럼 어떤 가치가 있는 것이라면 그 장부로서 기능을 할 수 있다. 이러한 이중지불 방지 파일 기능 때문에 블록체인 안에서 생성된 모든 파일은 값어치를 지닐 수 있다. 사용자 간에 파일이 전송되면 새로운 소유권과 거래가 즉시 블록체인 안에 기록된다. 그렇기 때문에 블록체인 기술은 기록의 저장과 보관이라는 측면에서 큰 가치를 지니고 있으며, 자산을 추적하고 기록하는 데 사용되는 모든 장부는 대체할 수 없는 잠재력을 지닌 것으로 평가받는다. LAB의 공동 설립자 겸 CEO인 하이디 피스^{Heidi Pease}는 이런 블록체인의 장점을 좀 더 확장하면서 "STO의 매력은 토큰화 덕분에 주식이나 채권, 투자 펀드, 예술품과 부동산에 이르기까지 어떤 자산도 토큰증권으로 대표될 수 있다는 점이다. 바로 그런 의미에서 과거와 다른 투자의 기회가 열린 것이다"라고 말한다.

그러나 현재 블록체인 기술은 취약점을 갖고 있어 완전하다고 보기는 어렵다. 앞서 언급했듯이, 블록체인은 사용자 간 안전한 플랫폼에서 사용자의 자산을 합법적으로 거래하는 방식이다. 이것은 분산형 구조와 함께 해시함수 덕분에 거래 데이터의 훼손이 낮기 때문이다. 하지만 라이트 코인이나 비트코인 골드, 버지와 같은 가상화폐 플랫폼에서 과거에 거래 데이터 및 원본 등이 이중지불 공격 등으로 51퍼센트 훼손된 사건이 발생했다. 블록체인은 다른 데이터베이스 형식보다 좀 더 안전하기는 하지만 여전히 보완되어야 할 부분도 있다.

51퍼센트 공격이란 네트워크를 통제하고 장악하려는 특정한 채굴자 혹은 그러한 그룹들이 채굴력을 51퍼센트 이상 소유했을 때 발생할 수 있다. 이런 부정한 세력의 공격은 블록체인의 성장 가능성에 영향을 미치기 때문에 사용자들의 불안감을 증폭시킬 수도 있다. 예들 들어, 해커들이 블록체인 플랫폼을 공격하여 수백만 달러를 훔칠 경우, 어떻게 이런 일이 가능할까? 해커의 공격은 가상화폐로 자산을 획득하려는 그 순간 발생한다. 해커의 공격을 인지하지 못하는 상황에서 채굴자는 자신의 가상화폐를 지불 수단으로 사용하여 일반적인 구매 계약을 실행한다. 채굴자가 상대방의 자산을 획득하는 순간 장부상의 본인의 전송내역을 뒤집어버리는 것이다. 이것은 채굴자나 특정한 그룹이 네트워크의 51퍼센트 이상을 지배할 때만 가능하다. 즉 채굴자는 상대방의 자산을 얻고, 그 대금으로 사용할 가상화폐의 송금을 뒤집어버리는 방식이다. 따라서 거래를 이러한 방식으로 만들 수 있다면 채굴자는 동일한 블록체인 안에서 가상화폐를 두 번 재사용할 수 있게 된다.

2013년 네덜란드를 기반으로 채굴 시장에 진출한 가장 큰 비트코인 채굴 풀 가운데 지해시아이오Ghash.io가 있다. 전체 해싱파워의 30퍼센트 이상을 차지하여 비트코인 네트워크에서 1위를 차지했던 풀이다. 2014년 지해시아이오는 전 세계 비트코인 채굴의 50퍼센트를 생산하기도 했지만, 자연스럽게 채굴력이 감소하면서 가상화폐 네트워크의 안정성이 유지되기도 했다.

특정한 채굴자 그룹이 블록체인 컴퓨팅 파워의 51퍼센트 이상을 지배하면 어떤 현상이 일어날까? 그들은 타인의 거래를 막을 수 있고, 새로운 블록의 기록 과정을 훼손할 수도 있고, 가짜 거래 혹은 이중지불도 가능하다.

그러한 일은 전체 네트워크의 완전성과 안전성, 투명성을 상실하게 만들 것이다. 노벨상 수상자인 경제학자 폴 크루그먼^{Paul Krugman}은 "2013년 이래 비트코인은 끝났다"라고 주장했고, 가상화폐의 사망(종식) 기사를 추적하는 웹사이트 '99비트코인스'^{99Bitcoins}는 지난해 12월 비트코인 발행 이후 지금까지 460여 회가 넘는 기사가 발표되었다고 밝혔다. 하지만 여전히 블록체인과 비트코인이 세상에 존재하는 것을 보면, 블록체인은 참여자 다수가 윤리적으로 행동하는 만큼 선한 기능과 혜택을 제공한다는 것을 시사하고 있다.

06

블록체인 기술로 탄생한
비트코인과 이더리움

비트코인은 21세기에 만들어진
가장 대담하고 혁신적인 기술이다.

—

베르나르도 패리아Bernardo Faria (Foxbit SA의 공동 설립자)

블록체인을 활용한 핀테크 비즈니스 분야에 큰 관심을 보이는 곳이 바로 증권업계다. 주식이나 채권의 거래에 블록체인 기술을 도입하면 새로운 기회의 장이 열릴 것으로 기대하기 때문이다. 미국이나 유럽, 일본 등에서는 블록체인 기술을 이미 실용화하고 있다. 지난 2015년 10월 미국 증권거래소 나스닥은 블록체인 기술을 바탕으로 한 비공개 주식거래 시스템 나스닥링크^{Nasdaq Linq}를 운용하기 시작했다. 주식 거래 시 블록체인을 활용하여 관리의 편리성과 함께 권리의 이전이나 거래 시 발생하는 오류와 불법 행위를 줄임으로써 주식 거래가 확장될 것으로 내다보았기 때문이다. 전문가들은 블록체인을 활용한 주식 시장의 확산은 앞으로도 더욱 강화될 것으로 기대한다.

그러면 토큰증권(STO)에 관해 본격적으로 다루기에 앞서 블록체인과 가상화폐에 대해 좀 더 자세히 살펴보고 넘어가기로 하자.

초보자들은 전자화폐와 가상화폐, 암호화폐를 정확하게 구분하지 못한다. 디지털 화폐는 주로 전자화폐, 가상화폐, 암호화폐 등으로 불린다. 외국에서는 암호화폐라는 용어를 많이 사용하고 있지만 우리나라의 경우 가상화폐로 불리고 있다. 그리고 증권형 토큰을 우리나라에서만 토큰증권으로 지정하고 사용하고 있다.

토큰전자화폐란 전자적으로 교환되어 사용할 수 있는 돈이나 증서를 가리키며, 전자 송금이나 지로, 전자결제, 사이버 화폐 등이 여기에 속한다. 어떤 형태든 전자로 거래되는 모든 화폐는 전자화폐라고 볼 수 있다. 이것은 오프라인에서 사용하는 법정 화폐를 바탕으로 하기 때문에 전자화폐는 중앙은행으로부터 거래와 운용에 통제를 받는다. 그러나 가상화폐는 중앙은행이 발행하지 않는 통화이며, 발행 주체가 고안한 형식과 규칙에 따라 발행되고 전자적으로 이용된다. 가상화폐는 전자화폐의 한 종류이며, 암호화폐는 가상화폐 가운데 분산원장^{Distributed Ledger}에서 공개키 암호화를 통해 전송하고, 해시 알고리즘을 이용해 소유권을 증명해낼 수 있는 디지털 자산으로 사용할 수 있게 암호를 활용하여 만들어진 것을 말한다. 비트코인이나 이더리움 등은 암호화폐이면서 동시에 가상화폐와 전자화폐의 범위에 포함된다고 할 수 있다.

블록체인을 활용하면 사용자의 자산은 분산원장에 기록되고, 금융 거래를 기록하거나 다른 화폐나 자산으로 교환할 수 있다. 이처럼 블록체인 기술을 바탕으로 개발된 것이 바로 가상화폐. 가상화폐는 특정한 블록체인 시스템에 참여하는 회원들 사이에서 교환의 매개 기능을 실행할 수 있도록 만들어진 디지털 화폐. 기존의 화폐 기능과 전혀 다른 디지털 화폐는 블록체인 장부에서 보관되고 활용된다. 이때 사용자는 자신의 계정(암호 지갑)에서 소유한 가상화폐를 기록하고 확인할 수 있다.

가상화폐는 시스템 상에서 보안을 유지하고, 거래의 무결성을 확인한다. 그런 다음 특정 화폐가 추가되면 이를 암호 방식으로 기록한다. 즉 가상화폐는 디지털 회계장부에 가치를 나타내는 단위가 입력된 값이라고 할 수 있다. 쉽게 말해 블록체인은 기술이고, 비트코인 등 가상화폐는 블록체인의 기술로 만들어진 화폐인데, 블록체인이 부모라면 비트코인 등은 자식인 셈이다.

　가상화폐 가운데 대표적인 것이 바로 비트코인이다. 개발자인 사토시 나카모토는 처음부터 디지털화폐 형식으로 만들려는 의도는 없었다. 초반에 그가 구상한 형태는 P2P 방식의 전자화폐 시스템이었고, 중개인이나 중앙은행 또는 정부로부터 어떤 간섭도 받지 않는 탈중앙화된 형태였다. 다른 가상화폐와 마찬가지로 비트코인 역시 여러 가지 혜택과 기능이 있다. 우선 가상화폐는 기능에 따라 몇 가지로 구분되어 사용한다.

　라이트코인^{Litecoin}처럼 더 빠른 결제 절차를 중시하는 코인도 있다. 그러나 이 코인은 2022년에 익명성을 추가함으로써 우리나라 거래소에서 상폐되었다. 모네로코인$^{Monero\ coin}$처럼 프라이버시를 중시하는 것도 있다. 익명성 코인은 다크코인$^{Dark\ coin}$, 프라이버시코인$^{Privacy\ coin}$, 엑스코인^{Xcoin}이라고도 하며, 이런 종류의 코인으로는 라이트(LTC), 지캐시(ZEC), 데시(DASH), 헤이븐(XHV), 비트튜브(TUBE), 버지(XVG), 대시코인에서 하드포크$^{Hard\ Fork}$한 피벡스(PIVX), 지캐시에서 하드포크한 코모도(KOMODO) 등이 있다.

　특히 모네로는 2020년 우리나라를 떠들썩하게 만들었던 코인으로 유명하다. 악랄한 범죄 행위로 온 국민을 분노에 떨게 했던, 텔레그램 N번방 성착취물 제작 및 유포 사건 중 박사방 운영자였던 조주빈이 대가를 요구할 때 이 코인을 이용했던 것이다. 모네로는 받은 사람이 밝히지 않는 한 누가 얼마를 보냈는지 추적이 거의 불가능하다. 그래서 모네로와 같은 익명성 코인은 마약거래나 자금

세탁, 사이버 범죄 등에 이용되기도 한다.

모네로는 스텔스 어드레스^{Stealth Address}, 링 서명^{Ring Signature}, 링 서명을 업그레이드 한 링 CT^{Ring Confidential Transaction}라는 핵심 기술을 사용하는데, 스텔라 어드레스^{Stea}는 은행이나 보험사에서 이용되는 가상계좌처럼 한번 사용하고 없어지기 때문에 거래 내역을 찾을 수가 없으며, 링 서비스는 계정키와 공개키 결합, 즉 여러 명이 다 서명하기 때문에 누가 보냈는지 알 수 없는 익명성으로 보안이 뛰어나다. 그리고 링 CT는 링 서명을 업그레이드 한 것으로 송금 액수와 주고받은 사람의 신원이 블록체인에 보이지 않게 감추는 기술이다.

또한 지캐시는 모네로나 대시코인보다 보안성이 훨씬 뛰어나 암호화 수준이 매우 대단하다. 이 코인을 개발한 주코 윌콕스^{Zooko Wilcox}는 지캐시가 비트코인보다 보안성이 강력하다고 주장한다. 지캐시는 '영지식증명'^{Zero-Knowledge Proof}이라는 자체암호 프로토콜 ZK-SNARKS 알고리즘을 사용한다. 지캐시 코인도 모네로처럼 주고받는 사람이 누구인지 송금하는 금액이 얼마인지 알 수 없어 보안성이 뛰어나다.

우리나라에서는 이러한 익명성 코인이 범죄에 사용될 가능성을 우려해 거래소에서 상폐되었지만, 반드시 보안이 필요한 분야, 즉 금융, 의료 등 좋은 쪽으로 사용될 수 있다. 그래서 지캐시는 소유할 만한 가치가 있다.

본론으로 돌아와서 가상화폐는 은행의 간섭을 받지 않기 때문에,

예를 들어 미국에서 멕시코로 송금할 때 발생하는 관세장벽이나 지리적 제한 등으로부터 자유롭다. 또한 거래시 발생하는 송금 거래 수수료도 은행 거래에 비해 훨씬 낮다. 비트코인은 P2P 거래를 활용하며, 탈중앙화되어 있다. 따라서 별도의 비트코인 본부나 콜센터 등도 존재하지 않는다.

다니엘 두아르테[Daniel Duarte](암호화 전도사, 비트코인 트레이더, Tech And Social Impact의 투자자)는 "21세기에는 금융 프라이버시에 대한 수요가 더욱 높아질 것이다. 이런 변화를 통해 지폐가 없어지는 것은 시간문제일 뿐이다. 비트코인처럼 라이트코인, 모네로, 대시, 지캐시 등 익명성을 보장받는 토큰은 투자자들 사이에서 큰 역할을 해내며 그 가치를 누릴 것이다"라고 강조했다.

비트코인이 가상화폐로서 높은 인기를 누리지만, 블록체인 기술과 산업 전반에 걸쳐 이더리움이 미친 영향 또한 크다. 프로그램 개발자인 비탈릭 부테린[Vitalik Buterin]이 개발한 이더리움은 2세대 가상화폐 시대를 연 것으로 평가받는다. 2015년 7월 개발된 이더리움은 시장 확대와 함께 블록체인 기술의 돌파구를 마련했다. 이더리움 역시 여러 블록체인들과 유사한 방식으로 개발된 퍼블릭 블록체인 플랫폼이다. 이더리움 개발자들은 디앱[DApp]이라는 분산형 응용프로그램을 활용한다. 디앱과 분산형 응용프로그램은 일반적으로 스마트폰에 있는 응용프로그램과 운용 방식이 크게 다르지 않다. 다만 iOS에서 작동하지 않고 블록체인 소프트웨어를 설치한 컴퓨터들의 네트워크를 활용한다.

다시 말해, 이더리움은 가상의 머신에서만 작동하는 것이다. 이더리움은 블록체인 가운데 참여자가 가장 많은 네트워크이며, 핵심 플랫폼은 3가지이다. 첫째는 토큰증권 발행 플랫폼, 두 번째는 스마트 컨트랙트, 세 번째는 디앱이다. 이더리움은 특히 스마트 컨트랙트의 대중화에 크게 기여했다. 스마트 컨트랙트란 조건문 형식에 바탕을 둔 자동 실행 디지털 계약으로서 우리가 이전에 사용해오던 전통 방식의 계약을 자동화한 것이다. 주로 거래를 기록하는 비트코인 블록체인과 달리 이더리움 블록체인은 개발자들이 디앱을 활용하여 계약을 실행할 때마다 계약의 조항들이 자동적으로 실행되는 스마트 컨트랙트 형식을 유지하고 있다. 자동 실행 절차는 계약 당사자들이 지켜야 하는 계약의 항목에 따라 달라지며, 그 내용에는 결제 기간과 함께 재화의 인도에 따른 결제 처리 방식까지 포함된다.

그렇다면 이더리움의 특징 가운데 하나인 스마트 컨트랙트란 무엇인가? 스마트 컨트랙트는 블록체인 시스템의 가장 중요한 혁신 기술 가운데 하나다. 스마트 컨트랙트는 계약에서 발생하는 합의 조항들이나 실행 등이 디지털 방식으로 이루어진다. 특히 스마트 컨트랙트의 강점은 중개인이나 제3자 없이도 사용자 간 거래의 안전성이 보장된다는 데 있다. 비탈릭 부테린에 의해 획기적 발전을 이룬 스마트 컨트랙트는 원래 닉 재보Nicholas Szabo의 아이디어였다. 1994년 닉 재보는 스마트 컨트랙트에 관한 아이디어를 생각했고, 2년 후 스마트 컨트랙트를 기반으로 한 암호화폐 비트골드bit gold를 고안했다.

스마트 컨트랙트의 작동 방식은 간단하면서 획기적이다. 참여자들이 상호 간 계약을 맺기 위해 필요한 사항이 소프트웨어를 통해 자동 실행되는 방식이다. 스마트 컨트랙트는 네트워크상에서 이루어지는 거래 계약은 물론이고, 주택이나 자동차 등을 구입할 때에도 활용된다. 어떤 사용자가 집을 구입한다고 가정해보자. 주택의 매도인은 이더리움 블록체인에 기반한 응용 프로그램을 통해 매수인과 만난다. 그 후 부동산 거래를 위한 응용 프로그램이 작동되고 소유권이나 등기권리증 등 부동산의 매입과 관련한 자료와 정보가 스마트하게 이루어진다.

특히 주택의 담보 여부나 양도가능성을 살핀 후 등기된 소유권 이전과 함께 채권 기록 등이 자동화되어 말소된다. 이렇게 주택의 매매가 가능하도록 모든 조건이 충족되면, 스마트 컨트랙트는 소유권 이전과 함께 대금 지불이 자동으로 실행된 후 소유자의 정보를 새롭게 반영하여 등기를 갱신하는 방식이다. 쉽고 빠르면서 동시에 안전한 거래가 이루어진 것이다. 앞서 언급했듯이, 블록체인은 완전한 시스템이 아니다. 여전히 풀어야 할 숙제가 남아 있지만, 닉 재보의 스마트 컨트랙트에 관한 아이디어가 비탈릭 부테린에 의해 확산되는 일련의 과정을 볼 때 블록체인의 가치와 가능성은 무한하다고 할 수 있다.

이더리움은 스마트 컨트랙트와 오픈소스 블록체인 플랫폼을 도입한 점 외에도 몇 가지 혜택을 제공한다. 첫째는 고객의 정보나 투자 사항 등 민감한 정보를 안전하게 플랫폼에 저장한다. 분산 저장된 고객의 신원은 고객확인제도(KYC)와 자금세탁방지(AML) 등 필수 조항들의 준수와 관련된 과정을 단축시켰다. 둘째, 이더리움은 부동산과 토지 소유권 등기에 있어 현재 사용되는 등기제도보다 더 안전하다. 보통의 경우라면 부동산 등기를 변경하는 데 적지 않은 비용이 발생하지만, 이더리움 블록체인을 통한 권리 변경은 훨씬 더 저렴하다. 셋째, 제3자의 개입이 없기 때문에 위험성이 낮다. 이것은 이더리움이 분산형 응용 프로그램으로 작동되고, 독립적인 노드들로 이루어졌기 때문이다. 따라서 이더리움 블록체인 플랫폼에서는 권한이 집중된 중앙의 간섭을 받지 않는다.

이더리움은 거래 방식에서 상당한 비용 감축 효과를 얻을 수 있다. 사용자는 배송망 내에서 재화와 서비스의 선적과 추적 확인이 쉽고 물류 과정의 흐름을 투명하게 볼 수 있다. 이것은 재화가 이동하는 절차뿐만 아니라 지급과 거래의 자동화 프로그래밍을 통해 가능하다. 신속한 결제 방식 또한 중요한 특징 가운데 하나다.

이더리움 블록체인 안에서 이루어지는 스마트 컨트랙트는 중개인 없이도 결제가 이루어진다. P2P 결제 방식을 활용하고, 거래 즉시 네트워크상에 있는 원장에 기록이 업데이트 된다. 과거 많은 기업이 산업 현장에서 전통적인 거래 방식을 사용하여 1~2일의 시간이 걸렸다면, 이더리움 블록체인은 그 시간을 획기적으로 앞당긴 것이다.

비트코인

비트코인은 '사토시 나카모토(가명)'가 블록체인 기술을 기반으로 개발한 최초의 디지털 자산이다. 기존 화폐와 달리 정부, 중앙은행, 또는 금융기관 등의 어떠한 개입 없이 알고리즘에 의해 발행되었으며 거래내역은 P2P 네트워크에 참여한 사용자들에 의해 검증되고 관리된다. 뛰어난 보안성과 제한된 발행량 덕분에 가장 대표적인 디지털 자산으로 자리 잡고 있다.

비트코인의 프로그래밍 언어는 스크립트^{Script}다. 스크립트는 튜링 불완전 언어를 사용하기 때문에 다양한 정보를 저장할 수 없고 오로지 비트코인의 거래 내역만 저장할 수 있어 가치 저장 수단 디지털계의 금으로 꼽힌다. 그 이유는 루프^{loop}가 무한대로 만들어지기 때문이다. 기술적인 면에서는 상태변환함수$^{State\ Transition\ Function}$, 즉 저장된 정보를 기능정보로 변환해 출력해 준다. 비트코인은 트랜잭션^{Transaction}을 오퍼레이션 코드$^{operation\ code}$로 보내면 실행된다. 예를 들면, 비트코인 결제 시스템인 비트코인 프로토콜은 스택^{stack} 기반으로 스크립트를 실행한다. 이것이 바로 UTXO$^{Unspent\ Transaction\ Output}$이고, 이 UTXO가 이중지불$^{Double\ Spending}$ 위험을 방지해 줄 수 있다. 그리고 비트코인에 스마트 컨트랙트 기능과 함께 비트코인의 부족한 부분을 계속 업데이트해 가고 있다.

이더리움

이더리움은 2013년 비탈릭 부테린에 의해 탄생했다. 이더리움은 스마트 컨트랙트를 위한 분산 네트워크로 현재 많은 디앱들이 이더리움 네트워크를 기반으로 하고 있다.

이더리움은 솔리디티^{Solidity} 언어로 프로그래밍된다. 이더리움 가상머신 EVM$^{Ethereum\ Virtual\ Machine}$은 32바이트 스택 기반으로 실행되며 EVM은 스택이라고 하는 FILO$^{First\ In\ Last\ Out}$ 방식으로 이루어져 있다. 이더리움은 튜링완전$^{Turing\ Complete}$ 언어를 사용해 주요 정보들을 조건에 맞게 변환시켜주는 기능이 있기 때문에 실생활에서 일어날 수 있는 모든 계약을 스마트 컨트랙트로 만들 수 있으며, 비트코인에서 일어났던 루프를 이더리움 네트워크상에서 가스^{Gas}비(수수료) 한계를 설정함으로써 계속되는 루프의 한계를 벗어났다. 스마트 컨트랙트에는 데이터베이스가 들어 있는데, 두 가지 인터페이스^{Interface}로 연결된다.

스마트 컨트랙트를 정리하면 다음과 같다. 솔리디티로 작성→바이트 로드$^{byte\ lode}$는 계정으로 전달 → 전달된 정보는 ABI$^{Application\ Binary\ Interface}$로 관리 → 디앱은 ABI를 근거로 실행

→ Get함수$^{Query\ Interface}$

　Set함수$^{Transaction\ Interface}$

→ Set함수 작동 시 이더리움 가상머신^{EVM}으로 실행된다.

그리고 이더리움 결제시스템인 이더리움 프로토콜$^{Ethereum\ protocol}$은 ABM$^{Account\ Balance\ Model}$ 방식이다.

2020년 11월 30일, 이더리움재단은 이더리움 2.0을 2022년까지 출시하겠다고 발표했으나 조금 늦어졌다. 내용을 보면 처리 속

도, 에너지의 효율성, 확장성을 개선하고 디앱을 많이 사용할 수 있도록 활성화하기 위해서 2.0을 출시할 목적이었다. 단계별로 보면 다음과 같다.

1단계: 마이닝^{Mining} 방식을 확인하기 POW$^{proof\ of\ work}$ 방식에서 POS$^{proof\ of\ staking}$ 방식으로 전환해 확장성과 에너지 효율성을 개선한다.

2단계: 블록체인이 64개의 체인으로 나눠지는 샤드 체인$^{Shard\ Chain}$과 통합된다.

3단계: 1단계와 2단계를 완성해 이더리움 2.0으로 완전히 탈바꿈한다고 발표했다. 2022년 9월 머지^{merge}를 끝냈는데, 머지란 실행레이어와 합의레이어의 병합이다. 그리고 2023년 4월 상하이 업그레이드를 통해 이더리움 2.0이 실행되고 있다.

이더리움 1.0이 자산투자가 목적이었다면, 2.0은 다양한 서비스로 가상자산 활용범주를 확대하는 것이다. 예를 들면 SNS, 금융, 유통, 엔터테인먼트 등이다.

이더리움은 컨트랙트 계약 기능의 편리성, 탈중앙화, 이더리움 가상 머신 등에서 장점을 갖고 있다. 그러나 확장성 문제를 비롯하여 몇 가지 단점을 보완할 필요가 있다. 이더리움은 스마트 컨트랙트에서 같은 이름을 가진 여러 개의 ERC-20 토큰을 가능하게 한다. 그렇기 때문에 사용자들에게 혼란을 가져다줄 수 있다. 즉 스마트 컨트랙트 토큰을 인식하지 못하는 경우가 있기 때문에 기본적인 문제점을 시급히 해결할 필요가 있다. 이더리움의 스마트 컨트랙트 상 문제점은 첫째 랜덤함수에는 랜드^{RAND}함수와 스랜드^{SRAND}함수가 있다. 둘째 솔리디티 측면에서 보면 보안에 취약하다. 셋째 오라클 문제$^{Oracle\ problem}$ 또는 연결성 문제$^{Connectivity\ problem}$가 발생한다. 이것은 블록체인의 오프체인 데이터를 온체인으로 가져올 때 발생한다.

07

블록체인 비즈니스의 혜택

경제적 빈곤은 문제가 아니다.
생각의 빈곤이 더 큰 문제다.

-

하쿠다 켄

주식이나 부동산 등에 투자하는 사람들은 최대 수익을 얻기 위해 적지 않은 노력을 기울인다. 누군가는 지인의 소개를 통해 자산을 투자하고, 또 다른 사람은 현재와 미래에 발생할 수 있는 투자 방식의 변화를 공부하기도 한다. 투자자는 최대 수익을 얻기만 하면 그만이라고 말할 수도 있겠지만 사실은 그런 목적이 전부가 될 수도 없고, 결코 쉽지 않다는 걸 누구나 알고 있다.

우리나라 태생으로 일본에서 활동한 기업인 하쿠다 켄은 "경제적 빈곤은 문제가 아니다. 생각의 빈곤이 더 큰 문제다"라고 말했다. 그의 금쪽같은 명언을 투자 분야에 적용해보면 그 길이 보인다. "생각의 빈곤"에서 벗어나려면 어떻게 해야 할까? 유명한 투자자들은 대부분 공부를 통해 생각을 확장시켰고, 그런 방식으로 투자 수익을 극대화했다. 여기서 말하는 공부란 교과서로 습득하는 것이 아니라 미래의 변화를 예측하기 위한 공부라고 할 수 있다.

워런 버핏이나 찰리 멍거Charlie Munger는 물론이고 지난 26년 동안 누적수익률 4,394.99퍼센트라는 어마어마한 대기록을 수립한 장마리 이베이야르Jean-Marie Eveillard 역시 비슷한 투자 마인드를 지녔다. 벤저민 그레이엄과 워런 버핏의 투자법을 공부하고 계승한 그는 '가치투자의 대가'로 불린다. 가치투자란 한마디로 '기업의 미래 가치에 투자하는 것'을 말한다. 그러면서 그는 "대부분의 사람들은 가치투자에 적합하지 않다. 고통을 피하려는 것이 인간의 본능이기 때문이다"라고 자주 언급했다. 이 말은 곧 블록체인을 바탕으로 한 토큰증권 등의 발전이 산업과 비즈니스 분야에서 어떤 가치를 획득하고, 확장될 것인가를 독자들은 공부할 필요가 있다는 얘기다. 무엇보다 현명한 투자자는 공부하는 사람이라는 것을 명심하면서 블록체인과 관련한 비즈니스 혜택을 좀 더 살펴보자.

블록체인은 금융 산업을 포함하여 광범위한 비즈니스 분야에서 활용된다. 다른 시스템과의 차별점과 독자적인 강점을 지녔기 때문이다. 블록체인은 비용 절감은 기본이고, 복잡한 절차들을 자동화하여 시간의 손실을 줄였다. 비즈니스 생태계에서 블록체인을 통해 얻을 수 있는 혜택은 '신뢰의 중개기관 배제', '기록의 변경 불가능성', '스마트 컨트랙트' 등 크게 세 가지로 간추릴 수 있다.

첫째, 신뢰의 중개기관 배제, 즉 TTP가 가능하려면 기술적 시스템이 필요하다. 둘 이상의 당사자가 블록체인을 이용해 거래할 때에는 상대방을 신뢰하지 않고서도 거래를 추적하고 기록, 실행할 수 있어야 한다. 신뢰의 중개기관 배제라는 개념은 블록체인 기술이 제3자의 개입 없이 자동화 기능과 함께 거래 상대에 관해 알지 못하는 상황에서도 당사자 간 거래가 기록될 수 있다는 점을 근거로 삼는다. 예를 들면, 상대방을 모르는 상황이나 종류가 다른 화폐를 교환하는 외환거래 분야에서도 신뢰의 중개기관 배제를 통해 혜택을 얻을 수 있어야 한다. 이것은 크라우드펀딩에서도 마찬가지다. 블록체인 플랫폼에서는 크라우드펀딩을 통해서 좀 더 넓은 투자자 풀에 접근이 가능해야만 한다.

특히 신뢰 중개기관 배제는 핀테크 산업에서도 영향력을 크게 발휘할 수 있다. 핀테크는 금융산업 환경에서 발생하는 새로운 기술을 모두 포괄하는 더 넓은 개념이다. 신뢰의 중개기관 배제라는 개념은 속도, 수수료, 안정성 등으로 이어지며, 이미 핀테크 관련 스타트업들은 블록체인 기술을 이용하고 있다. 그들은 이미 블록체인 환경에서 자금을 이전하고, 거래에 대한 비용을 지불하고, 모든 거래 활동을 기록함으로써 전통적 방식의 금융 서비스 기업들을 넘어서고 있는 것이다.

둘째, 기록의 변경 불가능성은 안전정과 투명성에 관련이 있다. 데이터를 암호화하여 하나의 블록에 데이터를 기록하고, 그 이전에 생성된 블록들과 서로 연결함으로써 위조와 변조가 불가능한 사슬을 만들어내는 것이 블록체인의 핵심 개념 가운데 하나다. 기록 변경의 불가능성은 데이터의 신뢰성을 중시하는 다양한 산업 분야에서 활용된다. 특히 신뢰가 더없이 중요한 공공 부문이나 의료 현장에서는 필수적이다. 정부기관을 포함한 공공 부문은 사업의 진행과 관련하여 축적된 데이터의 투명성이 필요하고, 누구나 쉽게 데이터 열람이 가능해야 한다. 의료 부문 또한 개별 환자의 치료를 위해서 개인 병력에 관한 데이터가 여러 서비스 제공자들 사이에서 저장되고 확인할 수 있도록 공유되어야 한다. 환자가 진료 받은 기록이 다른 병원을 비롯한 의료 서비스 조직에 기록되고 공유됨으로써 보다 원활한 치료가 가능하기 때문이다.

기록의 변경 불가능성은 예술 분야에서도 필수적이다. 예술가의 창의적 활동에 의해 만들어진 작품의 등록과 소유, 진품의 유무 등 관련 데이터가 저장되고 공유될 수 있다. 블록체인 기술은 예술품을 거래하는 딜러들 간에도 확산되는 추세다. 특정 작품에 관한 소유권 확인과 진품 유무를 포함한 가치의 보관과 추적이 쉽기 때문이다. 이렇게 함으로써 작품의 가치가 높아지고, 진품과 가품의 논란에서 벗어나 예술가들은 창작 활동에 더 집중할 수 있게 된다.

블록체인의 기록 변경 불가능성은 순차적으로 연결되는 블록들에 데이터를 저장하고, 기록이 위변조되지 않고 보호될 수 있는 토대가 된다. 앞서 언급했지만, 부동산의 소유권 관련 기록은 사기꾼으로부터 사람들을 보호한다는 측면에서도 꽤 유용하다. 문서상으로 소유권 유무를 파악하는 것은 사기꾼들에 의해 위변조가 쉽기 때문에 다수의 부동산 피해자를 보호하기 어려운 측면도 있다. 그렇기 때문에 블록체인 기술은 신뢰성을 바탕으로 한 안전정과 투명성이라는 강점을 지녔다.

셋째, 스마트 컨트랙트로 비즈니스 분야가 확대된다. 다만 스마트 컨트랙트는 조건문 형식을 바탕으로 하기 때문에 거래 형식마다 다양한 조건이 결합될 수 있다. 스마트 컨트랙트는 여러 거래들을 손쉽게 자동화한다. 상품의 배송과 자동차 리스, 렌탈 등 여러 산업에서 활용성이 높고 법 집행에서도 자동화를 이룰 수 있다. 배송은 스마트 컨트랙트의 혜택을 가장 많이 받는 분야다. 문서 작업을 위한 노력이나 시간이 줄고, 배송 단계에서 중개인의 역할도 필요 없다. 자동차의 리스나 렌탈 산업도 마찬가지다. 자산을 스마트 컨트랙트의 지불 기능과 연결하고, 리스 계약과 관련한 보험 등을 스마트 컨트랙트로 프로그래밍하여 거래자 간의 상호작용 없이도 실행할 수 있다.

특히 법률과 관련한 비즈니스 분야에서도 큰 변화가 예상된다. 법률 관련 문서를 작성하거나 그런 일에 특화된 변호사들은 스마트 컨트랙트가 급증하면서 그 역할이 줄어들 것이다. 예를 들면, 스마트 컨트랙트는 이민이나 상속 등과 같은 법률 분야에서 문서 작업이나 관련 절차들을 자동화함으로써 이런 과정에 소모되는 노력과 시간을 크게 감소시킨다. 따라서 그와 관련하여 중요한 역할을 담당했던 변호사들의 입지가 좁아질 것으로 전망하고 있다.

이처럼 블록체인과 관련한 세 가지 기술적 혜택은 자본시장이나 금융 서비스, 은행과 증권 산업 등에서도 적지 않은 영향력을 행사할 것이다. 이는 곧 비즈니스 시장 전체의 변화로 이어질 것이며, 블록체인 기술은 지금보다 더 확대되고 발전하리라 예상된다.

08

블록체인의 비즈니스 응용 사례

세상의 중요한 업적 중 대부분은
희망이 보이지 않는 상황에서도
끊임없이 도전한 사람들이 이룬 것이다.

_

데일 카네기 Dale Breckenridge Carnegie

주식을 포함하여 투자 자산을 운용할 때 운에 맡기는 사람들은 없을 것이다. 간밤에 좋은 꿈을 꾸었다고 거래하지는 않는다. 하지만 투자자 대부분이 잘못된 정보와 수익 극대화 비법 등을 맹신하고 있다면 어떨까? 워런 버핏은 "공식이 있다고 믿는 괴짜들을 조심하라"고 경고한다. 투자 결정은 타인이 아닌 본인 스스로 투자 관련 사항에 관해 자료를 모으고, 분석하고, 냉정하게 판단한 후 실행에 옮겨야 한다. 이때 실행 주체는 나 자신임은 굳이 말할 필요도 없다.

성공한, 아니 성장하는 투자자들 사이에서 종종 회자되는 명언이 있다. "투자에서 중요한 것은 타이밍이 아니라 타임이다"라는 말이다. 타이밍은 기회에 해당하지만, 타임은 그런 기회가 구축되어 있는 시대, 즉 투자 환경이 극대화된 시점이라고 할 수 있다. 투자의 관점에서 볼 때 기회는 어떤 순간에 불과하지만, 타인들은 모르는 시대(타임)를 알고 있다는 것은 엄청난 차이를 가져온다.

미래형 투자 방식으로 여겨졌던 토큰증권이 바야흐로 거대한 서막을 준비하고 있다. 일본은 물론이고, 미국이나 유럽 등에서 이미 실행하고 있는 토큰증권 시장을 이해하기 위해서는 관련 정보를 충분히 숙지해야 한다. 블록체인이 지닌 기술적 시스템을 이해하는 것은 물론이고, 비즈니스 환경에서 어떻게 운영되고 있는지도 살펴볼 필요가 있는 것이다.

현재는 물론이고 가까운 미래에도 투자 환경은 급변하는 가운데 기회의 장을 열 것이다. 비즈니스 환경에서 대금 지급, 거래, 계약 등의 실행 방식을 개선하자는 요구는 이미 과거에도 빈번하게 제기되었다. 제4차 산업혁명 시대를 맞아 기업들은 생존 환경을 새롭게 구축하고 있다. 즉 소비자와 더 빠르고 안전하게, 저렴하고 신뢰할 만한 방식으로 거래 가능한 플랫폼 구축을 모색해왔다. 이런 의미에서 볼 때 블록체인은 이전과 전혀 다른 방식을 제공한다.

블록체인 기술은 공동 장부와 권한에 따른 허가, 합의 메커니즘, 스마트 컨트랙트 등을 활용하여 새로운 거래 방식을 제시한다. 공동 장부는 거래 시 위변조가 불가능하게 만든다. 거래는 한 번만 기록되고, 해당 데이터의 항목은 복제를 금지한다. 블록체인 참여자는 접근 권한을 얻는 순간부터 거래 장부의 사본을 얻을 수 있고, 사본을 통해 네트워크 참여자들 간의 거래 기록까지 살펴볼 수 있는 것이다.

블록체인 시스템에서는 참여가 허가된 신분을 가진 사람에게만 네트워크가 공유된다. 그뿐만 아니라 독점적 권한을 가진 참여자만이 장부의 거래에 대해 읽기와 쓰기 작업이 허용된다. 허가를 요하지 않는 블록체인에서는 참여자 모두가 개별 거래를 살펴볼 수도 있다. 이 두 가지 경우가 균형을 이루려면 참여자가 기업의 핵심 정보를 살펴볼 수는 없지만, 특정 비즈니스 또는 산업의 가치사슬의 일원으로 참여하도록 만드는 게 필수적이다.

스마트 컨트랙트는 비즈니스 거래를 실행하는 두 당사자 간의 문제이고, 이런 계약은 블록체인에 저장되어 스스로 실행한다. 이것은 비즈니스 생태계에서 가치사슬의 순환이 효율적으로 이루어져야만 계약과 관련된 여러 조건들이 달성될 수 있는 것과 마찬가지다. 블록체인은 앞서 여러 차례 언급했듯이 다양한 산업 분야에서 활용된다. 현재 일부 프로젝트의 경우, 가치를 제공하고 데이터를 포함한 정보처리를 개선하기 위한 기술적 방안이 여러 산업 분야에서 이미 실행되고 있다. 블록체인 기술이 활용되고 있는 몇몇 산업 분야를 살펴보자.

부동산 산업 분야 부동산 투자 분야는 관료주의와 문서에 의존하는 산업으로 유명하다. 현재 부동산 산업 부문에서 이루어지고 있는 블록체인 실험 내용은 부동산과 관련한 소유권 이전과 명의 변경을 추적하는 방식이다. 부동산 소유권은 관련 현황과 정보를 담은 데이터를 저장하기 위해 소유권을 입증하는 문서들이 블록체인에 기록되고 있다. 구매자가 소유권을 획득하면 블록체인 기술을 활용하여 소유권을 대표하는 디지털 토큰을 발행할 수 있다. 토큰 이전을 통해 판매가 이루어지는 경우, 소유자와 부동산 현황 등 관련 정보가 담긴 토큰을 새로운 소유자에게 불편 없이 이전할 수 있다. 멜로즈^{Melrose} CEO인 켈리 위버는 "토큰증권은 대체자산 시장에 큰 혁신을 가져올 것이다. 이런 증권들이 디지털 토큰에 의해 대표성을 가질 수 있다면 부동산이나 예술품 등의 매매는 현재보다 더 손쉽게 거래되고 확장될 것이다"라고 강조한다.

배송 산업 분야 블록체인의 혜택을 누리는 산업 분야 가운데 하나다. 국제배송산업에서 블록체인 프로젝트는 감지 시스템과 스마트 컨트랙트를 결합하여 다양한 상품들의 이동 경로를 추적하고, 배송 상품의 품질 관리뿐만 아니라 즉각적인 배송을 실행한다. 특정한 상품이 배송 시스템 안에서 이동할 때 감지 시스템에 의해 정보를 찾거나 추적함으로써 각 화물마다 고유정보를 블록체인에 기록하고, 자동적으로 전체 시스템을 즉각 갱신한다. 따라서 배송과 관련한 참여자 모두가 최신 상황을 알 수 있다.

식료품 분야 배송 산업 분야와 밀접하게 연결되어 있고, 블록체인을 활용한 방법은 같다. 이미 대형 소매유통업은 블록체인 기술을 활용하여 식료품의 선적을 추적하고 있다. 그뿐만 아니라 식료품 검역 기준이 각각 다른 국가들과 수출입 시 적용되는 검역 메커니즘을 갖추고 있다. 블록체인 기술은 선적된 화물을 추적하고 식료품의 원산지와 관련된 정보를 소매 유통업자와 최종 소비자에게 제공한다.

의료 산업 분야 블록체인 기술 도입이 가장 시급한 분야다. 왜냐하면 의료 산업 분야는 데이터 관리와 결제 관련 시스템이 여전히 비효율적이기 때문이다. 현재 의료 산업은 블록체인 기술을 이용하여 환자의 진료 관련 의료 데이터를 활용하고 있다. 이때 개별 환자의 프라이버시를 보호하면서 각각의 의료 정보와 질병 데이터를 의료 서비스 제공자들에게 제공한다. 이런 방식은 치료에 필요한 의료 데이터는 물론이고 다른 질병의 예측과 예방에도 사용될 수 있다. 그렇게 되면 병원의 의사는 물론이고 보험회사, 연구실, 제약회사 등 여러 기관에서 활동하는 사람들간에 상호 협력이 가능해진다. 또 소비자와 의료 서비스 제공업자들은 블록체인 자동 결제 시스템 덕분에 비용과 시간 절감의 효과를 얻을 수 있다.

엔터테인먼트와 미디어 산업 분야 다른 분야에 비해서 엔터테인먼트와 미디어 산업 분야는 블록체인을 통해 좀 더 세분화된 비즈니스 서비스를 받을 수 있다. 이들 분야는 현재 지적재산권, 저작권, 스트리밍 서비스 등의 관리와 결제 문제에서 상당한 어려움을 겪고 있다. 블록체인 기술을 이용하면 대형 미디어 회사들은 협력을 통해 과거의 낡은 시스템으로부터 지적재산권을 포함한 다양한 문제를 해결할 수 있다. 즉 음악이나 영화, 여러 미디어를 통해 재생되거나 스트리밍 되는 기록을 추적함으로써 저작권자의 이익을 보호하는 것이다. 결국 엔터테인먼트와 미디어 산업 분야에서 함께 활동하는 저작권자와 관련 산업에 종사하는 이해관계자들은 이익 배분 문제에서 편의를 도모할 수 있다.

에너지 산업 분야 에너지 산업은 다른 산업 분야에 비해 공공 기관이나 국가 기관에 의해 통제되고 운영되는 중앙집중형 산업이다. 블록체인 기술 가운데 분산적 특성을 활용하면 개인 간 에너지를 거래할 수 있는 지원 플랫폼을 구축할 수 있다. 이런 플랫폼 구조에서는 개인들이 태양열에 의한 전기 생성 패널 등을 이용하여 다양한 방식으로 에너지를 모을 수 있다. 또한 개인들이 모은 에너지는 공익 기업체와 법인 구매자 등에게 되팔 수도 있다. 블록체인 기술이 가장 유용하게 적용될 수 있는 분야가 바로 에너지 산업이다. 재생 에너지의 크레디트 판매는 에너지의 사용이 높아지면서 개인이나 기관 등에서도 수요가 늘고 있으며, 공공 전력망에 결합하여 효과를 높일 수도 있다.

교육산업 분야 교육은 모든 직업군에서 지위 상승이 유리하며 중요한 자산이다. 졸업장이나 자격증 등은 개인의 경력 상승을 기대하는 사람들에게 유용한 자산이다. 그러나 이런 자료들은 잠재적 고용인 혹은 다른 이해관계자들에게 공유되지 않기 때문에 비효율적으로 사용되어 왔다. 그러나 블록체인의 분산형 기술을 활용하면 학생들을 포함한 잠재적 고용인 모두에게 장점이 된다. 즉 졸업장 등 관련 인증서가 기록된 정보 데이터에 쉽게 접근하여 기업과 개인 상호 간에 시간 절약 등 유용한 효과를 얻을 수 있다. 현재 학생들 가운데 일부는 블록체인의 분산형 응용프로그램을 활용하여 자신의 졸업장이나 학위증 등 라이선스를 공유하고 있다.

소매업 분야 그동안 소매업 분야는 자체적인 배급망을 이용해왔는데, 모조품 등으로 인한 잠재적 수입 손실 등 여러 가지 면에서 비효율적으로 운영되었다. 고가의 명품 브랜드의 경우 모조품으로 인해 시간과 비용의 손실을 입어왔다. 하지만 블록체인 기술을 활용하면 소매업자들은 위조가 불가능한 거래 기록들을 유지하고, 진품을 영구적으로 등록하여 활용할 수 있다. 따라서 고가의 명품들은 블록체인 기술을 활용하여 진품 확인서를 저장하고, 관련 데이터가 소유자, 보험회사, 중고 구매업자 등에게 공유되어 안전한 거래가 보장된다.

보험 산업 분야 보험사기로 인해 골치를 앓고 있는 보험 산업에서는 블록체인 기술을 활용하여 문제를 해결할 수 있다. 블록체인 기술을 활용하면 보험금의 청구를 위한 조사, 확인, 처리 등을 정확하게 실행할 수 있다. 또한 보험금 청구에 대한 자동 지급이 등급에 맞추어 정확하게 이루어진다. 어느 한 개인이 보험금을 청구하면 블록체인 기술을 이용하는 보험업자는 분산원장 기술을 활용하여 청구와 관련된 자료를 조사하고 등급별로 자동 처리할 수 있다. 이런 기술은 각 국가마다 정책의 차이로 인해 발생하는 여러 문제를 다루는 글로벌 보험회사에서 활용성이 아주 높다.

정부 관련 분야 세계 여러 나라의 정부는 개별 선거제도 내에서 이루어지는 투표와 관련하여 유효성 및 정확성 측면에서 법적 분쟁에 휘말리게 되는 경우가 있다. 이더리움의 가상 머신과 같은 블록체인 네트워크를 활용하면 위조와 변조가 불가능하기 때문에 보다 정확하고 안전한 투표제도가 정착될 수 있다. 블록체인 기술을 활용하면 선출된 후보가 실제 다수의 표를 획득한 사람임을 확인할 수 있다. 과거 투표 제도와 방식에서 발생하는 정파적 문제에서 벗어나게 되는 것이다.

 여행 산업 분야 여행 분야는 다양한 구조의 비즈니스로, 호텔이나 항공사, 여행지와 관련한 서비스 프로그램 종사자 등과 연계되어 있다. 따라서 소비자와 관련 업종 사이에서 다양한 문제가 발생할 소지가 크다. 대표적인 사례가 서비스 불만족으로 인한 환불 문제다. 블록체인 기술을 활용하면 신용카드 등과 같은 금융 기업 및 기관과 연결하여 소비자가 만족할 수 있는 서비스를 제공할 수 있다. 맞춤형 고객 보상 시스템 등을 구축하고 활용하는 방식으로서 소비자뿐만 아니라 관련 업종 종사자들에게도 편리성을 제공한다. 환불과 관련한 사항을 신속하고 정확하게 처리할 수 있고, 중복 과급과 지급 지연 등의 문제도 해결할 수 있다.

 금융 산업 분야 블록체인 기술의 파급효과가 가장 큰 산업 분야가 바로 금융이다. 기술의 특성상 위변조가 불가능하다는 것을 바탕으로 자산 거래소, 커스터디^{Custody} 서비스 등 주식과 관련한 여러 자산의 매매 절차가 블록체인 기술을 통해 신속하고 정확하며 안전하게 자동화될 수 있다. 블록체인 기술을 이해하고 포괄적으로 활용할 수 있다면, 블록체인은 금융자산과 금융상품을 대표하는 모든 문서를 디지털화할 수 있다. 이런 시스템을 통해 자산에 관한 소유권 이전과 지불 절차 등의 자동화가 가능하다. 이 분야와 관련된 여러 조직에서 이미 블록체인 기술을 활용한 핀테크가 적용되고 있다.

프리즘 그룹 이사인 기도 몰리나리는 특히 토큰증권이 금융 분야에서 다음 세 가지 중요한 혜택을 제공한다고 주장한다. 첫째, 무엇보다 효율성이 개선된다. 블록체인 기술을 활용하면 자동화된 검토와 함께 스마트 컨트랙트 덕분에 주식 소유권 관리 및 배당금 분배에서 수수료 등 비용을 낮출 수 있다. 둘째, 투자 관련 시장이 365일 열리기 때문에 투자 중개인 없이도 외국인 투자자들이 손쉽게 접근할 수 있다. 셋째, 지분 소유로 인해 발생하는 투자의 유연성은 더 높아지고 유동성 또한 확장된다. 블록체인 기술을 바탕으로 투자환경이 구축되면 토큰증권의 투자 가치를 극대화할 수 있는 프로젝트 수행 그룹이나 팀과 충분히 협력할 수 있다.

2부

토큰증권(STO)이란 무엇인가?

 INSIGHT VIEW

시대가 변하면 투자 방식도 달라진다

이미 오래전부터 미래 투자 관련 전문가들은 "언젠가 모든 증권 거래가 토큰으로 이루어질 것이다"라고 예견했다. 그 이름을 토큰 증권으로 부르든 다른 형태로 네이밍하든, 시스템과 구조 등을 포함한 거래 방식은 '블록체인 기술을 바탕으로 한 토큰화가 이루어질 것'은 분명하다. 앞으로 설명하겠지만, 전문가들이 그렇게 예견한 데는 투자의 편리성과 확대 등 다양한 이유가 있다. 미국증권거래위원회(SEC)가 2018년 11월에 발표한 성명서의 '결론'을 요약하면 다음과 같다.

첫째, 증권시장에 영향을 미치는 '새로운 혁신과 기술', 즉 블록체인과 분산원장 기술들을 장려한다.

둘째, 자산에 대한 지분 소유권을 블록체인 상에서 구현해 네트워크에서 디지털화하겠다. 다시 말해 디지털 자산을 증권화하겠다는 것이다.

셋째, 자본을 일으키는 기술 또는 시장은 증권시장이다. '새롭고 혁신적인 기술'로 이 증권시장에서 자본을 일으키는 증권을 디지털자산 증권인 STO로 가겠다는 것이다.

일단 토큰, ICO와 STO 등에 관해 사전 지식과 정보가 없는 독자를 위해 기초부터 차근차근 설명해 나가겠다. 이미 블록체인을 포함하여 여러 개념들을 알고 있는 독자들도 '다시 한 번 재학습'하는 기회로 삼아도 좋을 것이다.

우선 '증권'이란 무엇인가? 증권은 말 그대로 증거가 되는 문서나 서류로서, 통상적으로 '유가 증권'을 가리킨다. 돈으로서의 가치가 있는 문서, 즉 우리 주변에 돈이 되는 거의 모든 문서가 유가증권이라 보면 된다. 천 원, 만 원, 수표도 사실은 유가 증권이며, 주식과 채권 또한 여기에 포함된다. 우리나라 최초의 유가 증권은 1899년 상업은행의 전신인 대한천일은행^{大韓天一銀行}이 주식회사 조직으로 설립될 때 발행되었다. 그리고 채권은 1905년 조선 정부가 '국고증권조례^{國庫證券條例}'를 발표하고 200만 원^圜의 단기국채를 발행한 것이 최초이다.

그러나 당시 주식의 거래 형태는 발행인 인수에 그쳤다. 특히 국채는 사실상의 중앙은행인 제일은행^{第一銀行}이 전액을 인수함으로써 일반 투자자에 대한 증권의 매매 현상은 일어나지 않았다. 1906년경부터 각지에 농공은행^{農工銀行}이나 사업회사가 설립되면서 주식담보 금융의 길이 열리고 증권 수요가 늘어남에 따라 증권의 거래가 이루어지기 시작하였다. 그 후, 거래 방식이 개선되면서 거래량 또한 늘어났다. 사실 일제강점기의 주식자본은 거의 일본인이 독점했기 때문에 공식적인 주식 유통이란 존재하지 않았던 것이다.

그 이후 한국전쟁 때인 1951년 1.4후퇴 당시에도 4개의 증권회사가 존재했을 정도였다. 전쟁의 포화 속에서도 증권사가 존재할 수 있었던 이유는 무엇일까? 비록 토지개혁의 보상으로 교부된 지가증권과 전시 재정 적자를 메우기 위해 발행된 전국 국채를 매매하는 정도에 그쳤지만, 증권이 미래를 위한 투자 가치로 인식되는 전환점이 되었다. 전쟁의 상흔을 딛고 일어선 후, 우리나라 증권시장은 당연히 경제 발전의 각 단계에 대응하는 형식을 취했다. 특히 정부의 자본시장육성책에 의존할 수밖에 없었고, 1968년 11월 '자본시장육성에 관한 법률'이 제정될 때까지 증권시장의 체제는 유통시장에 한정되었다.

어쨌든 미흡하나마 증권시장이 비로소 법률로 제정되었다는 것에 의의를 둘 수 있다. 하지만 발행시장은 1968년 이전에는 사실상 존재하지도 않았다. 주식 공모는 전무하였고, 약간의 신주를 발행하는 경우도 구 주주 인수 또는 무상증자에 의한 것이며, 국공채 발행조차 강제 인수 또는 첨가소화에 의한 비자율적인 것이었다. 초기 증권시장에 비하면 오늘날 우리나라 증권시장은 비약적인 발전을 이룬 셈이다.

한 세대가 조금 넘는 시간 동안 우리나라는 놀라운 속도로 성장하며 엄청난 발전을 이루어냈다. 경제와 산업은 물론이고 교육, 사회, 예술 등 다양한 분야에서 이룩한 변화와 발전은 당연히 투자로 이어졌다. 하지만 누군가는 부의 중심축으로 들어가서 다양한 가치 혜택을 누리는가 하면 그렇지 않은 사람들은 여전히 힘겨운 삶을 살아간다. 세상이 바뀌는 동안 근면하고 성실한 사람들도 잘살 수 있던 시대는 이제 끝났다. 미래 학자들은 4차 산업혁명의 시대가 우리의 모든 것을 바꾸어 놓을 거라고 단언한다. 당장 눈앞에 다가온 미래를 지금이라도 준비하지 않을 이유가 없다.

하지만 미래는 결코 암울한 게 아니다. 오히려 또 다른 기회의 문이 열리고 있다고 봐야 한다. 미래는 우리가 상상하는 그 어떤 시대와도 다를 것이다. 역설적이지만 '누구도 알지 못하기 때문에, 누구에게나 기회는 있는 것'이다. 미래는 누구도 항해하지 않았던 기회의 공간이다. 과학자들은 2030년대에는 컴퓨터의 처리 속도가 인간 두뇌보다 300만 배 빠른 속도에 다다를 것이라고 예견한다. 상상하지 못한 발전으로 인공지능을 비롯한 나노기술, 증강현실과 로봇공학, 바이오정보과학, 빅데이터 등은 변화를 이끄는 원동력이 될 것이다. 여기서 우리가 주목해야 할 사항이 있는데, 그것은 바로 '투자'와 연결되어 있다. 투자란 미래의 원동력을 더 확대하고, 가속화시킬 핵심 요소이기 때문이다. 그렇기 때문에 우리는 지금이라도 토큰증권에 관해 관심을 가져야 한다.

다시 한 번 정리하면, 증권이란 '금전적 가치를 지니고 있고, 거래 가능한 증명서 또는 그 밖에 다른 모든 형태의 금융수단'으로 정의돼 왔다. 우리가 흔히 알고 있는 증권은 주식이라고 하는 지분증권과 채권을 뜻하는 부채증권으로 나뉜다. 지금 우리가 살펴보고자 하는 토큰증권은 같은 증권이지만 '전자래퍼' 형태를 취한다. 전자래퍼란 블록체인의 기본자산 가치를 다른 블록체인으로 전송할 수 있도록 한 시스템을 말한다. 토큰은 페이퍼증권보다 더 쉽고 빠르면서 동시에 간편하게 사용할 수 있다는 장점을 지니고 있다. 이메일과 종이서신의 차이를 비교해보면 쉽게 이해할 수 있을 것이다.

앞에서도 이미 설명했지만, 최고의 투자자인 워런 버핏은 "투자란 IQ 160인 사람이 IQ 130인 사람을 이기는 게임이 아니다. 투자하는 데 필요한 것은 결정을 내릴 수 있는 건전한 지성의 토대와 함께 그 토대를 침식시키는 감정을 절제할 수 있는 능력이다"라고 항상 강조했다. 그가 한 말은 투자의 황금기라 불리던 과거에도 적용되었고, 누구도 예측할 수 없는 미래의 투자 환경에서도 기준점이 될 것이다. 투자 비즈니스 환경 그 자체를 완전하게 바꾸어 놓을 토큰증권의 시대에는 더 말할 필요가 없다.

01
토큰증권(STO)의 탄생 배경

> 길을 가다가 돌을 만나면,
> 강자는 그것을 디딤돌이라 한다.
> 반면 약자는 그것을 걸림돌이라 말한다.
>
> —
>
> 토마스 칼라일Thomas Carlyle

2008년의 금융 위기로 세계는 고통스러운 경험과 불행의 시작을 맞이했다. 개인은 물론이고 사회, 국가 경제에 위기의식이 고조되었다. 많은 경제학자들은 "전 세계를 강타한 금융 위기는 그동안 쌓아 올린 신뢰와 믿음의 체계를 완전히 붕괴시킨 커다란 사건이다"라고 말한다. 특히 이 시기에 개인 투자자들 사이에서는 더 이상 국가가 개인의 재산을 지킬 수 없다는 인식이 확산됐다. 이 같은 인식 속에서 비트코인이란 암호화폐가 등장했고, 개인 간 거래가 이루어지는 P2P가 등장했다. 비트코인을 시발점으로 하여 그 후 몇 년 동안 수도 없이 많은 코인 관련 상품이 등장하면서 시장은 혼란에 빠졌다. 코인 시장의 혼란 속에서 투자 이익을 본 사람도 있었지만, 많은 피해자가 속출하기도 했다.

결국 SEC는 2018년 11월 16일 디지털 자산 증권 발행과 거래(유통)에 관한 성명서statement on Digital Asset securities Issuance and Trading를 발표했다. 성명서에서는 블록체인 분산원장 기술, 즉 블록체인을 이용한 코인 기술이 어떻게 증권 시장에 영향을 끼치고 있는가를 설명하며, 코인을 '디지털 자산 증권'으로 새롭게 정의하고 있다.

SEC의 성명서에 따르면, 디지털 자산 증권 시장에서 거래되는 회사의 토큰들에 대해서는 1930년 증권법에 따라 규제하고, ICO에 대해서는 1933년 증권법에 의거하여 규제할 것임을 밝히고 있다. 또 디지털 자산 증권과 관련된 기관 투자자들의 경우에는 1940년 제정된 기관 투자법에 따라 규제할 것이며, 디지털 자산 증권 거래(유통) 시장에 관한 규제 방법과 디지털 자산 증권 거래소의 등록 과정과 함께 디지털 자산 증권 시장의 브로커와 딜러의 등록 과정에 대해서도 명시하고 있다.

SEC는 성명서 결론에서, 기존의 자본 시장을 일으킨 오래된 기술이나 비즈니스 영역인 증권 시장에 영향을 미치는 새로운 혁신과 기술, 분산원장 기술을 장려하고 있다. 이를 위해 연방증권법 1933년, 1934년, 1940년 법에 의해 디지털 자산 증권 시장도 법적 규제를 받아야 한다고 밝히고 있다. 예를 들면, 해시그래프, 알고랜드 등이 규제대로 진행된 것이며 디지털 자산 증권, 즉 토큰증권으로 분류된다. 따라서 SEC 성명서의 핵심은 디지털 자산 증권의 플랫폼과 거래(유통)에 관한 기준점을 제시한 것이다.

실제로 토큰 증권은 어떤 변화 과정을 거쳐 적용되고 있을까. 세계 1위 증권거래소인 뉴욕증권거래소는 벡트^{Bakkt} 거래소를 지난 2019년 9월에 론칭했다. 또한 2위 증권거래소 나스닥은 2019년부터 7개 거래소와 협업 중이라고, 『포브스』에서 보도한 대로 디지털 자산 증권 상장 프로젝트를 준비해오고 있다. 그렇다면 왜 이처럼 대형 거래소들이 토큰증권 시장을 준비하고 있는 것일까?

그것은 철저한 준비를 하여 선점하는 게 무엇보다 중요하기 때문이다. 신속하고 안전하게 준비하지 않으면 중소형 거래소들이 그 자리를 선점할 수도 있다. 이처럼 전 세계 기존의 주식 시장은 우후죽순으로 등장한 토큰 증권 거래소들에게 비상장 주식을 비롯하여 자산의 토큰화 시장을 빼앗기지 않고, 또 머지않아 다가올 것으로 예상되는 금융거래의 레짐 체인지^{Regime Change}에서 주도권을 잡기 위해 기를 쓰고 있다. 앞으로 3~4년 후에는 미국에서도 이런 양상이 본격화될 것으로 보인다. 유럽연합은 이미 지난 2023년 4월 가상 자산 규제법(MICA)^Matkets In Crypto Asset Regulation을 통과시켰다. 물론 아직 완전하게 구축되었다고 보기는 어렵지만.

미국은 이미 토큰증권과 관련하여 자체적으로 연구 분석한 결과, 2030년을 전후하여 STO 시장이 빠르게 확장되어 토큰증권시장을 선도할 것으로 전망하고 있다. 이런 예측이 가능한 것은 기축통화를 영국으로부터 가져온 미국이 그동안 누려왔던 패권을 놓칠 이유가 없기 때문이다. 미국이 세계를 선도하는 원동력은 첫째, 달러의 기축통화, 둘째, 세계 자본 시장을 지배하는 금융시장, 그리고 과학 기술을 바탕으로 한 군사력이다. 미국은 이 세 가지를 결코 놓칠 수 없다. 따라서 우리는 현재 가상화폐의 스테이블코인 USDT와 USDC와 각 국가에서 발행될 중앙은행 디지털화폐 CBDC^Central Bank Digital Currency를 예의주시할 수밖에 없다. 특히 USDC를 관심 있게 보기를 바란다. 미래에 흥미로운 일이 있어날 수도 있을 것이다.

우리나라는 아직 금융선진국이라고 할 수 없다. 많은 금융전문가가 동의한 것처럼 우리가 구축한 금융 시스템이나 제도, 운용 방식 등이 미국이나 유럽 등에 비해 뒤떨어져 있기 때문이다. 하지만 위기가 곧 기회란 말처럼 앞으로 2~4년 안에 세계가 놀랄 만한 금융혁신이 수면 위로 떠오를 것이다. 우리가 어떻게 준비하는가에 따라 혁신의 바람을 타고 금융 강국으로 부상할 수 있다. 토큰증권의 생태계는 특히 투자자 보호가 중요하기 때문에 토큰증권을 자본시장법에 따라 체계화할 필요가 있다. 또한 경제적 가치에 따라 증권형과 비증권형으로 나누어 토큰증권의 발행과 거래(유통)를 위해 플랫폼 시장을 제도화할 장치가 마련되어야 한다.

4차 산업혁명은 그동안 우리가 누려왔던 모든 것에 변화를 가져올 것이다. 어느 시점이 되면 다양한 아이디어가 성장을 향한 동력으로 작동할 것이다. 토큰증권 등장처럼 새로운 아이디어가 시장의 변화를 이끌어내려면 몇 가지 단계를 거쳐야 한다. 첫째, 기술과 지식 정보 체계의 구축으로, 초기에는 선도적인 마인드를 가진 소수의 사람들만 접할 수 있다. 둘째, 소수만 알고 있던 기술과 플랫폼이 금융 산업 전반에 걸쳐 확산된다. 셋째, 가장 성공적인 아이디어들이 산업 전반으로 확산되고, 이러한 혁신적 아이디어를 근간으로 기관 대부분이 새롭게 재편된다. 행동경제학자들은 이 세 가지 단계가 바로 새로운 아이디어가 시스템으로 정착되고 이어 확산되는 과정으로, 거의 모든 분야에서 동일하게 작동하고 있다고 말한다.

토큰증권이 우리나라 금융 시장에 미칠 영향과 변화를 알기 위해서는 미국이나 유럽 등에서 일어나는 변화 추세에 주목해야 한다. 독자들이 토큰증권을 통해 어떻게 하면 수익을 낼 것인가를 학습하는 것만큼 블록체인 기술을 바탕으로 한 토큰증권의 발행과 구축, 성장 단계를 학습하는 것 또한 중요하다고 할 수 있다.

미국에 기반을 둔 토큰증권 발행사 버탈로^{Vertalo}의 CEO 데이브

핸드릭스^{Dave Hendricks}는 "펀드는 대개 10년은 유지해야 한다. 초기 단계의 회사에 투자했다면 유동성을 얻기까지 7~11년 동안 기다리는 시간이 필요하다"라고 말한다. 그러면서 그는 블록체인 시스템이 가져온 투자 방식의 변화에 관해 "우리는 초기 투자들에 관한 자료와 함께 스타트업의 지분을 관리하는 캡 테이블^{Cap Table}을 블록체인 상에서 효과적으로 만들 방법 등을 생각했다. 몇 가지 문제들은 해결할 수 있기 때문에 가까운 미래의 유통시장에서 유동성을 얻고자 하는 투자자들은 이런 투자 환경 변화에 주목할 필요가 있다"라고 강조한다.

02

왜 ICO에서 STO로 변화되었나

"

나는 천체의 운동은 계산할 수 있지만
인간의 광기는 계산할 수 없다

–

아이작 뉴턴

"

아이작 뉴턴은 인류 역사상 큰 영향력을 끼친 과학자 가운데 한 명이다. 그가 세운 고전 물리학의 토대는 오늘날 현대과학의 초석이 되었다. 뉴턴은 광활한 우주 천체의 움직임이 수학 법칙에 지배된다는 사실을 입증한 천재 물리학자다. 과학 분야에서 그 누구도 넘어설 수 없는 탁월한 업적을 이루었지만, 투자와 관련해서는 그렇지 못했다. 리처드 L. 피터슨이 쓴 책 『투자자의 뇌』에는 뉴턴과 투자에 관한 흥미로운 에피소드가 실려 있다.

1720년, 뉴턴은 남해무역회사의 주식을 보유하고 있었다. 남해무역회사는 초기에는 합법적인 방식으로 사업 독점권을 영국 정부로부터 허가받아 고수익을 올렸다. 회사가 성공 가도를 달리자 더 큰 사업을 제안하는 회사들이 생겨났다. 그들은 다소 모험적인 방법을 추진하면서 큰 수익을 남겼다. 그러자 영국 시민들이 주식 거래 시장에 뛰어들었다. 생각지도 못한 주식 열풍이 일어났지만, 주식 가격에 거품이 발생하기 시작했다. 1720년 뉴턴은 주식 시장이 붕괴될 것을 우려하여 자신이 보유한 남해무역회사의 주식을 처분했다. 그러나 곤두박질칠 것이라는 예상과 달리 회사의 주식은 성장했고, 뉴턴은 자신의 결정을 후회하면서 더 높은 가격으로 남해무역회사의 주식을 다시 사들였다. 하지만 상황은 뉴턴이 상상하지 못한 방향으로 흘러갔다. 1720년 8월 상승세를 타던 회사의 주식은 폭락했고, 주식 시장은 붕괴했다. 결국 뉴턴은 꽤 많은 재산을 날리고 말았다. "나는 천체의 운동은 계산할 수 있지만 인간의 광기는 계산할 수 없다"라는 말은 주식에 대한 탐욕에서 비롯된 좌절을 경험한 후 그가 후회하면서 남긴 쓰디쓴 금언이라 할 수 있다.

　뉴턴의 사례에서도 알 수 있듯이, 주식시장에서 성공적인 수익을 내기 위한 절대불변의 법칙 따위는 없다. 다만 예측과 분석, 그리고 스스로의 판단만 있을 뿐이다. 4차 산업혁명의 핵심 동력이 될 토큰증권도 마찬가지다. 보다 정확한 상황 파악을 위해서는 "ICO에서 STO로 변화되는 과정"을 알고 있어야 한다. 2010년대 중반부터 기업은 투자금을 모으기 위해 ICO를 진행했다. ICO란 가상화폐 공개initial coin offering를 말한다. 가상화폐 공개는 블록체인 기술을 바탕으로 새로운 가상화폐를 만들기 위해 불특정 다수의 투자자들로부터 초기 개발 자금을 모으는 일련의 과정을 말한다.

　ICO에서 인상적인 것은 초기 시장의 규모였다. ICO가 급성장할 수 있었던 요인은 블록체인 기술을 바탕으로 자금조달 방법이 수월했다는 점이다. 이러한 자금조달 방법은 2016년에서 2018년 사이에 급격하게 추진되었다. 특히 2017년에는 'ICO 돌풍 현상'이라고 불릴 정도로 사회적 변화가 일어나면서 전 세계 사람들은 블록체인 기술의 잠재력을 깨닫기 시작했다. 유망한 스타트업이 확산의 구심점이 되기도 했다. 그 당시 ICO의 성장세는 예측 불가에 가까웠고, 하루에도 서너 개의 코인이 등장했다. 이런 경향은 2020년까지 지속되었는데 그 과정에서 ICO가 지닌 불확실성이란 허점도 노출되었다.

　그 당시 ICO는 실체가 없는 백서 하나로 진행되었기 때문에 발행 주체로부터 투자자를 보호할 수 있는 법적 제도적 장치가 전혀 없었다. 사람들은 의구심을 품기 시작했고, ICO의 불확실성은 점점 커져갔다. 이때 SEC가 코인에 대한 발행과 유통, 규제를 시작하면서 공청회가 열리는 계기가 되었다. 결국 투자에 대한 위험뿐만 아니라 투명성이 확립되지 않았기 때문에 사회적으로도 큰 문제가 되었고, 결국 디지털 화폐에 대한 부정적 인식이 더 크게 확산됐다.

SEC는 공청회를 통해 2018년 11월 디지털 자산 증권의 발행과 거래(유통)에 관한 성명서를 발표하기에 이르렀다. 성명서를 통해 코인은 디지털 자산 증권으로 정의되고 증권법의 규제를 받게 되었다. 이때 STO가 대중에게 알려지기 시작했다. 전 세계 주식 채권 거래의 40퍼센트가 미국에서 이루어지고 있고, 이와 관련하여 토큰 시장에 대한 법령과 규제 방안이 마련되고 있다. SEC는 증권 운용과 거래에서 결정적 역할을 수행한다. 2018년 11월 SEC의 성명서를 시작으로 ICO에서 STO로 방향이 전환되었다.

우리나라의 경우는 2018년 초반까지도 '코인은 사기'라는 인식이 널리 퍼지면서 코인 거래소에 대한 부정적 인식이 커졌다. 그후 2019년 4월 금융 규제 샌드박스를 발표했고, 이듬해 초 관련 법안이 제출되었다. 마침내 2021년 3월, 법안이 국회에서 통과하면서 가상자산에 대한 규제와 함께 ICO에서 STO로 시장 변화가 일어나기 시작했다.

비트코인 출현 이후 유틸리티 코인을 제공하는 대가로 자금 모집이 수월한 가상화폐공개(ICO)가 등장하면서 투자 시장은 더욱 확장되었다. 이더리움이 ICO를 통해 막대한 자금을 모았고, 그것을 바탕으로 분산금융의 토대를 마련했다. 유입된 자금을 운용하고 관리하기 위해 DAO가 등장하기 시작했다. DAO는 투자자들을 보호할 수 있는 법률과 제도가 잘 갖추어진다면 앞으로 대단히 성장할 것이다. 우리나라에서도 국보DAO 등이 만들어졌고, 불과 며칠 사이에 20억 원이라는 자금을 모으는 데 성공하기도 했다.

기존의 전통산업에서는 자본을 모집할 때 IPO에 의존했다. IPO는 생각보다 시간이 더디고, 자금 확보 과정도 힘에 부친다. 신제품을 만들어도 우선 시장에서 인정받아야 하고, 그 뒤에 투자자들에게 주식을 팔아서 자본 확보를 할 수 있기 때문이다. 과거에는 IPO 외에는 대안이 없었지만, 4차 산업혁명 시대에는 그 이전과 다른 시스템으로 투자 및 자본 확보가 가능해졌다. 굴뚝산업시대에는 IPO로도 충분했겠지만, 현재는 '시간이 곧 돈, 그 이상의 가치'를 지니는 시대라고 할 수 있다. 속도는 곧 투자의 승부를 좌우하기 때문에 ICO가 자본 모집 모델의 대안으로 떠올랐다. 하지만 ICO는 안전성을 보장할 수 없었고, 투자 사기꾼들의 타깃이 되어 퇴락의 길로 접어들었다. 불완전했던 ICO의 자리를 보다 안전한 STO가 빠르게 대체한 셈이다.

STO가 자금 조달 방식의 자리를 차지하기 전에는 ICO로 토큰을 판매하는 형태를 취했다. ICO는 STO와 비슷한 방식으로서 발행자가 투자자에게 토큰을 판매하고 이익을 회수함으로써 자금을 조달한다. 세계 각국에서 가상화폐 관련 규제가 구축되기 이전에 ICO를 활용한 거래가 빈번하게 이루어졌다. 이때 발행자와 투자자 사이의 거래 관계 규제가 모호했고, 이용 환경에 따라서 자금 조달의 허들이 매우 낮아 쉽고 간단하게 이용할 수 있었다. 그렇기 때문에 거래와 관련된 문제점이 연이어 발생하였고, 토큰의 가치가 하락하기에 이르렀다. 그 결과 2010년대 후반 이후 ICO는 쇠락의 길을 걸었다.

그렇다면 ICO가 쇠퇴한 원인은 무엇일까? 다음 세 가지 측면에서 그 원인을 찾아볼 수 있다. 첫째는, 토큰 가격의 적정성과 토큰 발행자의 자금조달 목적이 명확하지 않았다. ICO 발행자가 자금만을 노리고 거래를 도중에 중단하는 사기 프로젝트인지를 투자자 입장에서는 전혀 판단할 수 없어 다수의 사기 피해가 발생하기에 이르렀다. 둘째, 토큰 발행자가 판매할 토큰의 양을 자유롭게 조정할 수 있었다. 이것 때문에 매매 참여 기준이 마련되지 않은 채로 누구나 쉽게 참여할 수 있어 거래상의 문제가 다수 발생했다. 셋째, 토큰 발행자가 판매 가격을 아무 기준 없이 자유롭게 설정했다. 따라서 투자자 입장에서는 토큰의 가격이 적정 가격으로 거래된 것인지 신뢰할 수 없었다.

ICO의 장점은 무엇보다 투자가 간단하다는 것이었다. 투자자는 상식적인 프로젝트라고 판단되면 쉽게 투자하고 고수익을 얻을 수 있었다. 이런 점은 투자가에게 상당히 매력적으로 작용할 수 있을 것이다. 그러나 실제로 이런 점을 악용한 사기 피해가 발생했고, 그 결과 ICO는 투자보다 일종의 도박과 같은 방식으로 악용될 수 있었다.

03

ICO의 단점을 보완한 STO의 특징

"

남들도 하니까 주식 투자에 관심을
기울이는 것이 아니다.
다른 사람이 하지 않을 때 관심을 갖는 것이
투자의 시작이다.

-

워런 버핏

"

ICO가 지닌 운영과 관리 측면의 단점을 보완한 것이 바로 STO
다. 일본은 이미 지난 2020년 5월 1일 개정법을 시행하였고, 세계
각국에서도 기업과 투자자, 마케터 등이 STO에 관한 연구와 상품
개발을 추진하고 있다. 그렇다면 현재 STO는 어떻게 실행되고 있
고, STO를 통한 자금 조달과 투자 활동은 어떻게 이루어지는지 간
략하게 살펴보자.

앞서 언급했듯이, 일본은 개정법을 시행하여 STO를 통해 발행된
토큰을 정식 금융 상품으로 인식하고 있다. 법 개정 이후 STO 시
장 내 발행자와 투자자 간 모든 거래가 공정하게 이루어지고 있는
것이다. STO를 통한 거래의 이점은 크게 여섯 가지로 나눌 수 있
는데, 각각의 이점에 대해 좀 더 구체적으로 살펴보자.

 1. 법적 규제를 통한 거래의 안전성 확보
 2. 토큰 발행자가 투자자 선별
 3. 연중무휴 24시간 체제로 거래
 4. 스테이블 코인과 상생
 5. 비용 절감
 6. 소유권 분산

(1) 법적 규제를 통한 거래의 안전성 확보

다시 한 번 말하지만, ICO는 손쉽게 투자할 수 있다는 장점이 있
는 반면 사기 피해 등 투자자의 위험 요소가 많았다. 마땅히 단속

할 법적 규제가 없었기 때문이다. 하지만 STO는 개정금융상품거래법의 개정 법안이 시행되면서 토큰의 발행자는 자국에서 정한 규제를 따라야 할 의무를 갖는다. 즉 발행 기준을 충족하지 못하면 토큰을 판매할 수 없도록 제도적 장치가 마련되었다.

투자자는 STO 발행자의 규제 기준 충족 요건을 확인할 수 있기 때문에 신뢰를 바탕으로 투자할 수 있다. 이 규제 기준은 1946년 미국 증권거래위원회가 하위^{Howey} 사를 상대로 벌인 투자 계약 관련 소송 사건이 계기가 되어 증권 거래에서 발생하는 문제를 사전에 막기 위해 개발되었다. 우리나라는 자본시장법을 적용하여 증권형과 비증권형으로 구분하지만 미국의 경우 증권거래위원회에서 '하위 테스트'$^{Howey\ Test}$를 근거로 증권과 상품으로 나눈다. '하위 테스트'라는 용어가 나온 배경에는 플로리다 주의 오렌지 농장 이름인 '하위 컴퍼니'$^{Howey\ Company}$와 관련이 있다. 이 회사의 투자 거래가 증권성 여부와 관련한 판단 기준이 되었는데, 이를 '하위 테스트'라고 한다. 투자자가 확인할 수 있는 항목은 크게 일곱 가지로 나눌 수 있다.

- 자금을 조달할 목적인가
- 공동 사업인가
- 수익이 균등하게 배당되는가
- 토큰의 이용 목적이 공명정대한가
- 수익을 기대할 수 있는가

- 제3자로부터 수익을 기대할 수 있는가
- 토큰을 판매하는 환경은 적절히 관리되는가

투자자는 언제든 STO 발행자에게 위의 항목에 대해 내용을 확인할 수 있고, 이를 바탕으로 프로젝트 관리 지침을 명확하게 알 수 있게 되었다. 또한 위의 항목은 다시 네 가지 요소로 나누어지며, 각각의 요소가 적절한지에 대해 발행자와 프로젝트 진행자 측에서 심사한다.

- 수익성
- 공동 사업성
- 이익 기대
- 타사와의 가치 연관성

위의 네 가지 요소는 독자의 이해를 돕기 위해 간추린 것으로, 프로젝트의 내용과 운영, 관리 상황에 따라 여러 가지로 달라질 수 있다.

(2) 토큰 발행자가 투자자 선별
토큰 발행자도 거래 상대의 조건을 세세히 설정할 수 있다. 이것이 가능한 이유는 법적 규제에 따라 투자자 측의 자산 상황을 확인할 수 있게 되어, 투자자가 프로젝트 참여를 위해 연 수입, 보유한 자산 금액 등을 공개하도록 설정할 수 있기 때문이다. 이에 따라 프로젝트에 적합한 투자자만을 모아 자금을 조달할 수 있게 된 것이다.

(3) 연중무휴 24시간 체제로 거래

STO는 온라인으로 거래되는 블록체인 구조를 사용하여 연중무휴 24시간 체제의 시스템으로 가동된다. 통상의 주식 거래는 증권거래소를 이용해야 하며 시설의 운영 시간 외에는 거래할 수 없다. 그러나 STO는 주식을 토큰 형태로 매매할 수 있기 때문에 언제 어디서든 사용자가 원하는 타이밍에 이용할 수 있다. 이는 가상화폐로서 가장 큰 이점이기도 하다.

따라서 투자자는 언제라도 원하는 프로젝트에 참여할 수 있으며, 필요한 타이밍에 결제할 수도 있다. 온라인상 거래여서 결제도 즉시 끝낼 수 있기 때문에 투자를 위한 시간 제약을 전혀 받지 않는다. 또한 토큰 발행자도 프로젝트에 참여한 투자자의 정보를 언제든지 확인할 수 있어 실시간으로 매매 상황과 운영 및 관리가 가능해진다. 이러한 요소를 원동력으로 발행자의 자금 조달과 투자자의 투자 활동이 빈번하게 이루어질 수 있다. 즉 전체적으로 유동성이 향상되므로 시장이 활성화되는 구조가 성립된다.

(4) 스테이블 코인과 상생

STO는 결제에 특화된 구조이기 때문에 스테이블 코인과 상생하여 쉽고 편리하게 운용할 수 있다. 일반적으로 가상화폐는 가격 변동이 심해 결제에 적합하지 않다는 의견이 분분하다. 그러나 가상화폐 중에서도 스테이블 코인은 가격변동이 적다는 특징이 있다. 이는 페그제$^{Peg\ System}$라는 환율 제도를 활용한 가상화폐로, 페그제란 환율을 규정 수준으로 고정하거나 변동이 있어도 최소 폭으로 제한하는 제도이다. 테더사$^{Tether\ Limited}$가 발행하는 가상화폐 '테더'가 스테이블 코인의 대표적인 예에 해당한다. 스테이블 코인은 법정화폐와 같은 가격대가 되도록 설정되었기 때문에 투자자로부터의 자금 조달도 꾸준히 안정적으로 이루어질 수 있다.

(5) 비용 절감

투자자와 거래할 때, 토큰 발행자는 배당금 지급 등 자잘한 업무를 직접 해야 한다. 실제로 투자자와의 거래에서 발행자가 각종 수속을 장시간 처리하다 보면, 프로젝트 관리가 매우 힘들어진다. 따라서 증권 지분 분할과 배당금 지급 등 각종 계약 처리를 자동으로 집행하는 시스템, 즉 스마트 컨트랙트를 도입함으로써 비용을 대폭 절감할 수 있다. 이 밖에도 스마트 컨트랙트를 사용해 딜러나 투자자 등 증권 시장에 산재하는 프로젝트 관계자와의 거래도 자동화할 수 있다.

종래의 방식은 어떤 과정이든 중개인이 존재하기 때문에 결제가 오래 걸렸다. 또한 증권회사와 신탁은행에 프로젝트 데이터가 분산되어 있어 데이터 결합이 쉽지 않았다. 게다가 관계자 간의 연결에 조정이 필요하거나 컴플라이언스에 시간이 걸리는 등 조정할 일이 많아 매우 번거로웠다. 그러나 STO를 활용하면 중개인이 필요 없기 때문에 각종 대응에 걸리는 시간 부담이 줄어든다. 이러한 점은 발행자에게 상당히 유리한 부분이라고 할 수 있다.

(6) 소유권 분산

금융자산은 분산할 경우 관리비용이 대폭 늘어나기 때문에 분산하지 않는다. 그러나 STO를 활용하면 현재 소유한 금융자산을 토큰 형태로 바꿀 수 있으므로, 아무리 작은 단위의 소유권이라도 분산이 수월해졌다. STO로는 세세한 자산까지 다양하게 관리할 수 있어 분할이 어려웠던 부동산 및 예술 작품 등의 자산 관리에 STO를 활용할 수 있다. 이 외에도 국채 및 사채, 특허와 저작권 등 소유권 관리가 어려운 자산도 토큰을 활용해 관리할 수 있다.

04

금융의 혁신 아이콘, STO

> "
>
> 내가 가는 길을 인도할 등불은 오직 하나,
> 경험의 등불이다.
> 미래를 판단하는 기준은 과거밖에 없다.
>
> –
>
> 패트릭 헨리Patrick Henry
>
> "

그렇다면 STO란 무엇인가? STO란 'Security Token Offering' 의 약자로 '법으로 인정받은 시큐리티 토큰을 활용해 자금을 조달하는 방식'을 말한다. 여기서 말하는 시큐리티 토큰이란 전산상으로 취급되는 증권 상품을 가리키며, 디지털 증권 또는 유가 증권에 해당된다. 토큰증권이란 블록체인 기술을 활용한 분산원장 기술이다. 블록체인의 분산원장 기술을 활용해 토큰 형태로 발행한 증권으로, 지분증권, 채무증권, 수익증권, 파생결합증권, 투자계약증권, 증권예탁증권 등으로 나눌 수 있다.

우리나라의 경우 현재 토큰증권은 수익증권과 투자계약증권 두 가지로 분류한다. 부동산, 그림, 도자기, 골동품, 저작권, 장인들의 작품들이 여기에 해당한다. 그리고 NFT는 프로젝트의 진행 형태에 따라 토큰증권이 될 수 있고 NFT가 될 수 있다. NFT 역시 많은 논의가 필요한 사항이다. 토큰증권의 종류는 결제토큰, 유틸리티토큰, 자산형토큰으로 구분할 수 있다.

우리나라의 토큰증권이 앞으로 미래 글로벌 시장으로 진출하기 위해서는 SEC 규제에 맞게 법적인 규제와 제도 등이 마련되어야 한다. 현재 우리의 주식으로 글로벌 시장으로 확장되는 것은 결코 쉽지 않다. 우리나라 주식이 뉴욕증권거래소나 나스닥에서 거래될 수 있는 건 극소수이지만, 토큰증권의 경우에는 앞으로 충분히 가능성이 있다. 토큰증권은 블록체인 상의 투자계약증권으로 분류되고, 가치를 지닌 계약으로서 블록체인에 저장되는 형태의 계약이기 때문이다.

이와 같이 토큰증권은 거래가 가능한 투자계약증권이므로 규제가 필요하고, 각 국가에서는 법적으로 인정받아야 한다. 블록체인 기술을 활용한 매매가 가능하기 때문에 투자자 보호에 중점을 두어야 하지만, 과도한 투자자 보호로 인해 발행 주체에게 과중한 책임을 묻는 것은 투자 생태계와 유동성에 영향을 줄 수 있어 신중해야 한다. 따라서 토큰증권을 자본시장법으로 규제하면서 동시에 투자자 보호를 위한 시스템도 마련되어야 한다.

토큰증권은 블록체인 기술을 활용하여 발행하며, 발행자는 독자적인 가상화폐를 발행하여 거래할 수 있다. 시큐리티 토큰의 '시큐리티'는 통상적으로 쓰이는 '지키다'라는 의미가 아니라 '유가 증권'이라는 의미로 사용된다. 시큐리티 토큰은 발행자의 자금 조달을 목적으로 발행된다. 발행자가 투자자에게 화폐를 판매하고 투자자가 그 화폐를 구입함으로써 자금을 조달 받는 방식이다. 일본에서는 이미 2020년 5월 1일 개정자금결제법, 개정금융상품거래법이 개정되어 각종 금융기관에서 가상화폐를 취급할 수 있게 되었다. 이에 따라 가상화폐의 대표격인 비트코인 등으로 자금을 조달하면서 자금결제법이라는 법률에 기반하여 운용될 수 있다.

특히 이 경우 거래에 통용되는 가상화폐 발행 일정이나 가상화폐로 결제할 수 있는 타이밍이 채굴 보수로 미리 설정되기도 한다. 비트코인과 같은 가상화폐는 타이밍에 크게 좌우하기 때문이다. 반면 토큰증권은 개정금융상품거래법에 기반해 프로젝트 운영 주체인 발행자가 발행 시기 등 모든 요소를 관리할 수 있도록 구성되었다. 따라서 프로젝트에 투자하려는 투자자도 거래 및 매매 일정을 사전에 쉽게 계획할 수 있으며, 발행자와 투자자가 모두 시간을 융통성 있게 관리할 수 있다.

무엇보다 토큰증권은 참여 조건만 충족되면 언제든지 자유롭게 자금을 조달할 수 있다는 장점이 있다. 현재 많은 투자자들이 자금 조달을 위해 토큰증권에 주목하고 있는 것도 바로 이런 장점 때문이다. 토큰증권에서 취급하는 '유가 증권'은 가상화폐나 투자, 자산 운용 분야를 접한 적이 없는 사람들에게는 다소 생소할 수 있다. 유가 증권이란 법률로 관리된 재산에 관한 권리와 권리를 소유할 의무 등이 명시된 증명서로, 주식, 부동산, 채권 등 투자와 자산 운용에 있어서 다양하게 활용된다. 또한 인터넷상의 모든 거래를 관리하는 블록체인을 활용하여 프로젝트 운영자 측과 참가자 측 모두의 계약과 거래 등 일련의 데이터를 기록하고 관리할 수 있다.

간혹 투자 현장에서 사람들과 이야기 나누다 보면 '인생에서 가장 중요한 것'을 놓치고 살아가는 이들이 적지 않다. 투자자의 목표는 손실은 줄이고 수익을 높이는 것이다. 이는 투자의 가장 기본이 되는 원칙이지만, 좀 더 깊이 파고들면 그동안 우리가 투자 현장에서 놓친 것들이 명확하게 보인다. 나는 항상 "인생에서 가장 중요한 통화通貨는 돈이 아니라 시간이다"라고 강조한다.

통화란 무엇인가? 유통과 지불 수단으로서 활용 가능한 화폐를 말한다. 사람들은 대부분 시간이 늘 풍족한 반면 돈은 항상 부족하다고 여기면서 투자 시장에 발을 디딘다. 하지만 인간의 시간은 유한하다. 돈이야 잃었다가 다시 벌면 그만이지만, 지나간 시간은 무엇으로도 다시 살 수 없다. 투자에서 성공적인 수익이 발생하려면 '승산이 유리한 좋은 선택과 결정'을 내려야 가능하다.

흔히 말하는 타이밍의 중요성인데. 이때 '기본을 얼마나 갖추고 있는가'가 결정적 요인으로 작용한다. 비트코인이 처음 세상에 나왔을 때 사람들은 '사기'라고 단정했다. 그런 생각을 한 이유는 블록체인이나 비트코인에 관한 어떤 정보도 학습하지 않은 채 주변의 말에만 의존한 결과였다. 그 당시 블록체인과 비트코인에 관해 조금이라도 배우고 관심을 가졌다면 어땠을까?

시간이 흐른 뒤 투자 제안을 받았던 사람들이 뒤늦게 땅을 치고 후회해도 소용없다.

투자든 삶이든 중요한 순간에 올바른 결정을 내리기 위해서는 '판단의 근거'가 탄탄해야 한다. 이것은 끊임없는 학습을 통해 가능하며, 다시 말해 기본적인 이론과 지식을 배우고 정보를 학습한 뒤 경험을 통하여 판단의 근력을 키우는 방법밖에는 없다. 블록체인 기술과 토큰증권의 운용방법을 아는 것도 마찬가지다. 이제 토큰증권의 종류와 분류 기준, 발행 및 거래 플랫폼에 대해 살펴보겠다.

(1) 토큰증권의 종류

토큰증권은 모두 같은 방법으로 만들지 않는다. 운용 방법에 따라 차이가 있으며, 토큰증권의 종류는 각 나라의 금융을 관할하는 규정에 따라 정해진다. 이때 만들어진 토큰증권의 성격이나 발행 및 거래 방법 등은 각각 다를 수 있다.

- **자산형 토큰증권:** 미술품의 조각지분, 부동산의 조각지분처럼 조각투자가 가능한 것.
- **채권 · 주식형 토큰증권:** 채권, 저당권, 전환사채 형식으로 발행한 것.
- **금융토큰증권:** 수익증권 및 펀드지수 등으로 활용되는 것.

(2) 토큰증권의 분류 기준

토큰증권은 토큰화 과정에서 발행 주체의 이익과 투자자의 수익 배분도 중요하지만, 자본시장법과 법률상 허용 범위를 어떻게 정하고 해석하는가에 따라 분류할 수 있다. 우리나라의 경우는 증권형과 비증권형으로 구분한다. 미국은 '하위 테스트'에 따라 증권과 상품으로 구분했다. 예를 들어, 비트코인은 SEC에서 2019년에 상품으로 분류하여 증권법에서 제외하였고, 다른 코인들은 증권으로 분류했다. 대표적인 것이 리플이다. 그 당시 리플이 증권으로 분류되자 리플 발행사인 리플랩스는 즉시 뉴욕남부지방법원에 민사소송을 제기했다. 얼마 전 해당 법원은 리플을 증권으로 볼 수 없다고 판결했지만, SEC가 항소함으로써 여전히 법적 다툼이 진행 중이다.

이와 같이 코인은 증권과 상품 어느 쪽으로 분류되는가에 따라

운명이 달라진다. 이더리움의 경우도 엄격히 말하자면 증권이지만, 증권이냐 상품이냐를 쉽게 단언하기 어렵다. 물론 코인이라고 해서 무조건 증권으로 분류할 수는 없다. 코인 가운데 상품으로 개발된 것도 있기 때문이다.

(3) 토큰증권의 기본 요소

토큰증권은 프로토콜, 스마트 컨트랙트, 발행 플랫폼, 거래(유통) 플랫폼 등의 기본 요소로 구성된다. 첫째, 프로토콜은 블록체인 기술을 통해 토큰증권을 발행하는 방식의 핵심이라 할 수 있다. 블록체인 프로토콜은 여러 종류 가운데 기능성이 좋은 것을 선택해야 한다. 일반적으로 이더리움을 기반으로 하는 경우가 많지만, 그 외에도 다양한 프로토콜이 존재한다. 토큰증권은 발행 주체와 투자자의 귀중한 자산이다. 그렇기 때문에 최우선적으로 고려할 사항이 바로 안전과 보안이다. 프로토콜이 중요한 이유는 스마트 컨트랙트와 연계되기 때문이다.

둘째, 스마트 컨트랙트는 이더리움의 탄생과 함께 주목받았으며, 블록체인 2.0이 대표적인 기술이다. 물론 비트코인에도 스마트 컨트랙트 기능이 있지만, 블록체인 2.0과는 다르다. 이더리움은 스마트 컨트랙트 기능으로 인해 가격 변화에 영향을 주었고, 디파이DeFi 코인 분야에도 적지 않은 영향을 끼쳤다. DeFi 분야는 토큰증권에서 반드시 필요한 분야이므로 뒤에서 좀 더 자세하게 다룰 것이다. 블록체인 기술 가운데 대표적인 것이 정보의 위조와 변조 방지 기능이다. 그렇기 때문에 스마트 컨트랙트의 정보는 절대 바뀌어서는 안되며, 스마트 컨트랙트를 실행할 때 오류 방지는 물론이고 운용 및 관리, 법적인 문제까지도 철저하게 준비해야 한다. 또한 프로그래밍 언어(비트코인은 스크립트, 이더리움은 솔리디티)를 비롯하여 토큰증권과 관련하여 발생할 수 있는 여러 문제에 대해 대비책을 갖고 있어야 한다. 이렇게 해야 하는 이유는 토큰증권은 자산이고, 투자자의 재산을 안전하게 보호하는 것이 중요한 기능 가운데 하나이기 때문이다.

셋째, 발행 플랫폼Issuance platform은 토큰증권의 상장과 거래(유통) 등 유동성에 영향을 미치기 때문에 아주 중요하다. 발행 플랫폼은 토큰증권의 종류와 목적에 따라 발행하는 방식이 조금씩 다르지만, 현재는 운영되고 있는 플랫폼이 제한적이고 그 숫자도 적다. 우선 안전과 기능성을 갖춘 블록체인 프로토콜을 선택하여 발행 플랫폼을 만드는 것이 선행되어야 하고, 이를 통해 플랫폼을 규격화해야 한다. 미국의 경우에는 시큐리타이즈, 시큐런시securency, 스왑swarm, 오너라ownera, 하버harbor 등이 있다.

넷째, 거래(유통) 플랫폼Trading platform은 토큰증권이 성장하고 발전하기 위해 꼭 필요한 생태계라고 할 수 있다. 토큰증권은 거래소라는 플랫폼을 통해 투자자 간 공정하고 투명한 거래가 가능하다. 투자 활성화는 유동성 공급을 활발하게 촉진시키고, 거래(유통)량의 증가로 투자자의 참여도가 높아질수록 투자자는 더 큰 수익을 올릴 수 있다. 이렇게 함으로써 토큰증권의 생태계가 유연성을 갖고 확장되면 금융 혁신의 디딤돌 역할을 하리라 기대한다.

토큰증권이 활성화되기 위해서는 법적인 규제가 반드시 필요하다. 블록체인 기술을 활용한 토큰증권은 미래의 투자 중심축으로서 무한한 가능성을 지녔고, 투자자와 플랫폼 구축자 및 법적 제도의 구축이 이루어진다면 자본 시장에 커다란 변화를 일으킬 것으로 예상된다.

미국의 거래소는 티제로[T-zero], 보스턴 증권형 토큰 거래소[Boston Security Token Exchange], 시큐리타이즈, INX 등이 있다. 또한 일본이나 스위스 등에도 토큰증권 거래소가 있다. 우리나라의 경우, 어떤 방식으로 진행될지는 좀 더 관망할 필요가 있다. 하지만 최근 국내 뉴스를 통해 쏟아지는 '토큰증권(STO)' 기사를 보면 빠른 시일 안에 현실화되리라 예상한다. 국내 주요 언론사는 'STO 시장 선점을 위한 치열한 물밑 경쟁'이라는 헤드라인 아래 '오는 2030년 367조 원 규모의 성장이 예상되는 토큰증권 시장을 선점하기 위해 금융회사와 기업이 합종연횡에 본격 나서고 있다'라는 내용의 기사를 보도했다. 국내 언론의 뜨거운 관심 속에 국내 투자자들이 빠르게 움직이고 있고, 이런 경향은 국내 토큰증권 시장의 개방을 더욱 앞당길 것이다.

05

STO의 특징

심리적 측면에서 볼 때, 금융 시장처럼 감정의 기복이 큰 비즈니스 생태계도 드물다. 투자의 수익과 손실 여부에 따라 그야말로 천국과 지옥을 경험하는 곳이기 때문이다. 투자자의 감정이나 행동 동기는 보통 무의식 속에 존재하다가 결정적인 순간에 영향력을 발휘한다. 보통 투자에 관한 의사결정은 꽤 합리적으로 이루어지는 것처럼 보인다. 실제로 그렇다 하더라도 손실의 원인은 무의식 속에 숨어 있던 감정과 동기가 작동하기 때문이다. 심리적 작동에 의존한 판단과 결과는 곧 투자자의 자신감 상실로 이어진다.

미국과 영국에서 주식 투자 및 헤지펀드 전문가로 활동하는 잭 슈웨거는 "주식 시장에서 성공하려면 스스로 결정을 내릴 수 있어야 한다"라고 강조하면서 "투자자들은 포지션을 정리하는 것이 스톱주문이 발동돼서 포지션이 정리되는 것보다 더 나은 결과를 가져다주지 않는다는 걸 명심해야 한다. 하지만 포트폴리오의 변동성을 줄여주고, 변동성이 줄게 되면 자신감을 얻을 수 있다. 결국 포지션을 잃는 것은 괴로운 일이지만, 투자자 스스로 자신감을 잃는 것은 더욱 절망적인 일이다"라고 조언한다.

가상화폐 시장에 대해 부정적 시각을 고수했던 워런 버핏은 블록체인 기술에 대해서는 "세상을 바꿀 기술이다"라고 평가했다. 세계적인 투자자의 시선으로 봐도 블록체인이 가져올 변화는 '혁신 그 이상'이다. 4차 산업혁명 시대를 살아가는 우리는 블록체인이 가져올 새로운 시대를 어떻게 바라봐야 할까? 세상일이 다 그렇듯이, 낙관과 낙담 사이에서 블록체인 기술을 기반으로 한 토큰증권은 긴 여정을 시작했다. 여행을 떠나기 전에 반드시 미리 확인해 두어야 하는 것처럼, 지금부터 토큰증권의 특징에 관해 살펴보자.

STO는 토큰 계약이나 디지털 계약 등의 형식을 지니며, 가치를 나타내는 형태로 블록체인 상에 저장되는 계약이다. 그렇기 때문에 토큰증권은 금융이라는 본질적 측면에서 증권법의 규제를 받는다. 또한 토큰증권은 외부적 요인들과 구별되며 별도의 가치를 갖고 투자의 기회를 만든다. STO는 거래 가능한 투자 계약이기 때문에 규제가 불가피하고, 초기 발행할 때 전 세계의 규제 당국들은 암호화 자산의 법적 지위를 정의하고, 새로운 기술이 증권을 통해 기업 간 양도나 개인 간 이루어질 증권 매매 현상을 예측하느라 분주했다.

여기에 몇 가지 전제가 발생한다. STO가 여느 증권 공모와 다름없는 것으로 취급된다면, 바로 투자로 간주되거나 증권 거래로 평가받는 토큰 생성 이벤트에는 대부분 금융 서비스 관련 규제가 적용될 가능성이 크다. 이는 STO 관련 시장에서 난감한 문제가 되는데, 기업이나 비즈니스 모델을 위해서 토큰을 발행하는 주체는 발행 이전부터 반드시 준수해야 할 금융 서비스 관련 규제와 절차를 생각해야 하기 때문이다. 그러나 정부의 주요 관심사는 투자자의 권리 보호에 있다. 따라서 블록체인 기술을 통한 토큰증권을 수용하면서도 시장의 활성화를 꾀할 수 있는 유연한 규제 방안이 필요하다.

이더리움 프로젝트 기획자 조엘 디에츠[Joel Dietz]는 "STO는 분명히 블록체인 산업의 최전선에 있다. 블록체인 기술을 활용한 STO는 비즈니스에 혁신을 가져올 것이다. STO의 선구자들이 이룩한 기록을 보는 것은 실로 멋진 일이다"라고 말했다. 토큰증권은 투자 계약 측면에서 크게 두 가지로 분류할 수 있다.

첫째, 토큰증권으로 간주되는 블록체인 유틸리티 토큰이다. 이것은 유틸리티 성격을 갖는 토큰 또는 블록체인과 같은 분산 네트워크 상에서 유틸리티 성격을 지닌 토큰을 가질 권리를 말한다. 토큰이 발행되는 시점에서 투자 계약으로 간주되거나 가치 상승을 목적으로 하는 것이라면 무엇이든 미국의 법 규제를 받는 토큰증권으로 분류된다.

둘째, 전통적인 유가증권은 블록체인 상에서 분산장부 기능을 가진 토큰으로 대체될 수 있는데, 이러한 형태를 스마트증권이라고 부른다. 이것은 분산장부 기술을 이용하여 기간, 특약사항, 배당이나 이자 등에 관한 권리 및 양도에 따른 권리 등 전통적인 증권의 특징들을 포함한 토큰증권을 생성하게 된다. 결론적으로 말하자면, 스마트증권을 토큰증권으로 발행하는 것은 전통적인 매매 방식의 증권을 재현한 형식이고, 이러한 투자 계약 방식에 프로그래밍이 결합된 것이다.

디지털증권은 사실 신기술이 아니다. 디지털증권은 이미 수년 전부터 등장하여 전통적인 거래 방식의 일부로 활용됐다. 디지털증권이 유통된 초기 사례는 뉴욕증권거래소가 증권 계약을 디지털화한 시도에서 찾아볼 수 있다. 지난 2012년 발생한 허리케인 샌디로 인해 월스트리트는 엄청난 피해를 입었다. 보관하고 있던 수많은 장부가 훼손되고 만 것이다. 월스트리트에 위치한 미국중앙예탁청산기관(DTCC) 지하 창고에 물이 차서 수조 달러나 되는 증서들이 훼손된 것이다. 허리케인 피해 이후 DTCC는 디지털증권 발행을 추진했고, 채권의 경우에는 전자 발행을 장려하고 있다. 따라서 STO는 갑자기 나타난 것이 아니라 이미 서너 해 전부터 전통적 금융시장에서 자리 잡고 있었던 셈이다. 블록체인 유틸리티 토큰이나 스마트증권 등의 토큰증권은 다시 세 가지로 나눌 수 있다.

(1) 자산으로 간주되는 토큰증권은 주식이나 옵션, 공동 소유한 미술품, 부동산 자산에서 조각지분 등과 같은 자산에 대한 직접적인 소유권을 의미한다.

(2) 채권이나 주식으로 간주되는 토큰증권은 전통적 방식을 바탕으로 한다. 이것은 약정 이자율이나 발행자의 신용도를 바탕으로 하는 채권이나 가치를 의미하며, 채권과 저당권, 대출채권이나 스타트업의 전환사채 등이 포함될 수 있다.

(3) 금융 상품으로 간주되는 토큰증권은 수익증권이나 상장지수펀드처럼 기초 자산에서 발생하는 수익에 대한 권리를 의미한다.

에브리피디아^{Everipedia}의 공동 설립자 겸 CEO인 샘 케즈미언은 "토큰증권과 주식의 관계는 이메일과 우편의 관계와 비슷하다. 토큰증권이나 이메일이 과거 우리가 약속한 규칙들을 바꾸어 놓자마자, 창업자들은 그다음 단계에 걸맞은 해결책을 마련할 수 있게 된다"라고 말한다. 이 말은 블록체인 기술을 바탕으로 한 토큰증권이 앞으로 어떤 방식으로 발전할 수 있는가를 시사한다.

토큰증권의 역할은 한마디로 "암호화라는 영역과 현실 투자라는 부분을 서로 연결하는 데 있다"라고 할 수 있다. 토큰증권은 금융 시장에서 거래하는 주식과 채권, 부동산을 담보로 한 자산 등을 암호화 형태로 구현한다. 하지만 토큰증권이라고 해서 전부 동일한 방식으로 만들지는 않는다. 토큰증권의 구별은 SEC를 비롯하여 여러 규제 기관이 정한 법적 규정을 따르기 때문이다. 이러한 규정에 의해 토큰의 성격을 규정하고 유통 및 거래 방식도 규정된다. 그러면 토큰증권의 세 가지 형태적 특징에 대해 좀 더 자세히 살펴보기로 하자.

(1) 자산으로 간주되는 토큰증권

자산을 담보로 한 토큰증권은 전통적인 방식대로 특정한 자산에 대한 소유권을 나타내거나 표시한다. 소유 자산을 모두 풀^pool로 묶어서 그곳에서 차지하는 비율로 표시가 가능하다. 예를 들면 유형 자산의 경우 상업용 빌딩의 10퍼센트처럼 지분으로도 표시할 수 있다. 우선, 자산으로 간주되는 토큰증권은 해결해야 할 과제가 있다. 스마트 컨트랙트 형태로 이행될 투자 계약에서 조건 모두를 반영하고 자동화하는 것이 생각보다 쉽지 않다. 그것은 자산으로 간주되는 토큰증권이 대표할 수 있는 자산의 종류가 너무 많기 때문이다(상품이나 재화, 부동산, 예술품이나 귀중품 등등). 또한 투자 계약을 명시하는 다양한 조건이 스마트 컨트랙트 상에서 쉽게 변경될 수 없도록 기록될 필요가 있다.

전통적인 방식이라면 자산담보부 증권을 바탕으로 다양하게 거래할 수 있는 파생 상품이 생긴다. 예를 들면, 부동산이나 귀중품 등은 유동적인 자산에 속하지 않기 때문에 소유권을 나타내는 토큰증권으로 활용될 수 있다. 그렇게 하면 과거 유동화할 수 없던 상품들에 대해 새로운 투자 기회가 발생되고 다양한 유동화를 제공하여 거래량의 증가를 가져온다. 여기서 말하는 자산 유동화란 대출금이나 부동산 따위의 자산을 담보로 채권을 발행하여 현금화함으로써 자금 유동성을 확보하는 것을 가리킨다.

(2) 채권이나 주식으로 간주되는 토큰증권

채권이나 주식 등은 쉽게 토큰증권으로 대체할 수 있다. 특히 중소기업의 경우, 전통적 방식으로 발행하던 때보다 쉽게 주식을 발행하여 은행이나 벤처 캐피털리스트 등을 통해 자금 조달을 하지 않아도 되는 장점이 있다. 보통 스타트업 기업을 포함한 중소기업은 운영 초기 자금 조달이 쉽지 않고, 전통적인 방식으로 은행이나 VC 투자회사의 지원을 받는 경우도 극히 드물다. 채권이나 주식으로 간주되는 토큰증권이 등장하면서 이런 기업들은 자금 조달 방법이 훨씬 더 수월해졌다.

이러한 경향은 유가증권 발행의 급격한 증가를 가져올 수 있고,

더 많은 대중에게 알려지게 됨으로써 개인 투자자들을 모을 수 있다. 성장률이 높은 스타트업과 시가 총액은 낮지만 비즈니스 모델이 건실한 우량 기업들에게는 유리하다. 스타트업과 중소기업 등이 발행할 수 있는 토큰은 크게 주식형 토큰과 채권형 토큰으로 나뉜다.

① 주식형 토큰: 주식형 토큰은 회사의 주식이나 주식 계약, 선물, 옵션뿐만 아니라 투자자들에게 의결권이 허용되는 경우처럼 자산에 대한 소유권을 갖는 토큰이다.

② 채권형 토큰: 채권형 토큰은 부동산 저당권, 회사채, 미지급 채무증권 등과 같은 자산에서 얻을 수 있는 이자를 표시할 수 있다. 이러한 디지털 투자 계약은 SEC로부터 표준적인 채권거래계약으로 인정받을 수 있다. 또 채권형 토큰이 갖고 있는 두 가지 특징인 위험과 이자와 같은 확정수익에 의해 토큰 가격이 결정된다. 전통적인 방식의 증서 채권과 마찬가지로 채권형 토큰은 기초 자산과 연계되어 일정한 수익을 발생할 수 있고, 그와 동시에 발행자의 채무불이행 위험을 부담하도록 구조화되어 있다.

블록체인 기술을 통해 앞으로 시장은 진화하고 유동화는 더욱 확대될 것이다. 채권형 토큰이라는 투자 수단 역시 더 많이 활용됨으로써 미래 시장에서는 다목적 토큰까지 등장할 수도 있다. 스마트 컨트랙트가 시장의 지불 관련 조건을 자동화하여 반영할 수 있게 되면 여러 가지 변화가 일어난다. 그 가운데 하나는 기업들이 현재 시장 예측을 바탕으로 주식이나 채권을 발행하는 대신 표지를 만

들어 이자를 지급하거나 주식 등을 분배하는 새로운 방식을 보게
될 것이다.

(3) 금융 상품으로 간주되는 토큰증권

주식이나 자산으로 간주되는 토큰의 거래량이 늘어나면 토큰증
권 생태계 내에서 새로운 자산이 등장할 수도 있다. 이러한 자산
은 투자자들에게 더 넓은 수익의 기회를 제공할 것이다. 분산장부
기술 덕분에 금융업자들은 다양한 금융 상품을 하나로 묶어서 이
를 토큰증권으로 발행하는 것이 가능해진다. 예를 들면, 남아메리
카의 핀테크 스타트업체들이 이끌어가는 프로젝트 또는 실리콘밸
리에서 개방하는 마이크로프로세서에 대해 지수화를 시행할 수 있
다. 이런 방법으로 트랙커들을 결합하여 상장 지수 펀드를 대표하
는 토큰증권을 만들 수 있게 된다.

러시아 백신 업체인 카스퍼스카이랩의 블록체인 보안 관련 개발
사업 책임자 막심 데니젠코는 기업과 블록체인 프로토콜의 발전
과정에서 다양한 솔루션과 함께 사이버 보안책이 필수적이라고 말
한다. 그는 "기업이 블록체인 프로젝트를 더 많이 적용하면 비즈니
스 절차에 상당한 개선이 있을 것으로 예상된다. 특히 블록체인 솔
루션들의 통합 가능성이 투자자들에게는 필수적인 부분이 되는 만
큼 앞으로는 둘 이상의 블록체인 네트워크를 통합하는 다양한 솔
루션들이 실행될 것이다. 이런 방법이 확산될수록 기업은 블록체
인 솔루션과 사이버 보안상의 취약점 및 위험을 줄이는 것이 가장

큰 고민거리가 될 것이다"라고 강조한다.

토큰증권이 자산이나 채권, 주식을 토큰화하는 금융 상품이라는 측면에서 현재 시장에서 유통되고 있는 몇 가지 사례를 살펴볼 필요가 있다. 현재까지 발행된 토큰증권의 사례는 크게 네 가지로 분류된다.

(1) 토큰화된 VC 펀드

토큰화된 VC 펀드는 수익에 대한 분배 청구권을 나타내는 토큰증권이다. 토큰마다 분배의 단위가 펀드의 총자산에 대한 비율을 표시할 수 있다. 예를 들면, 투자자의 권리를 'VC 펀드의 운용자산의 10퍼센트' 같은 형식으로 표시할 수 있다. VC 펀드에 투자한 유한책임사원의 권리를 대신할 토큰증권을 만들 수 있다면 투자자들은 펀드 내의 지분을 유통시장에서 거래할 수 있게 되므로 더 많은 혜택을 누리게 된다. 이러한 아이디어는 핀테크 스타트업이나 건강 스타트업, 식료품 제조기업 등처럼 자산이 다른 각각의 펀드가 수익 분배금을 토큰화할 수 있게 만들어 준다. 전 세계 투자자들은 수익 분배금을 서로 거래할 수 있게 됨으로써 스타트업 생태계뿐만 아니라 VC 펀드에도 풍부한 유동성을 제공하게 된다.

(2) 유사주식 토큰

유사주식 토큰은 전통적인 방식으로 주식 시장에서 일어나는 투자 계약과 비슷하다. 유사주식 토큰은 기관이나 공동 기업의 소유권과 권리를 표시하는 디지털 증권이다. 여기에는 간접 투자기관에서 투자한 지분에 따라 의결권과 이익 분배 등이 표시된다. 또한 미래에 발생할 수 있는 기업 이익에 대한 지분을 표시할 수 있고, 발행할 주식으로 받을 수 있는 약정 등도 표시할 수 있다.

(3) 자산담보부 토큰

자산담보부 토큰은 토큰증권 중에서 가장 인기가 있다. 이것은 현실의 자산, 즉 현금이나 예술품, 부동산, 발전 설비, 금이나 보석 등에 대한 경제적 권리로 간주된다. 자산담보부 토큰의 발전으로 자산에 의해 담보되는 스테이블 코인이 탄생하기도 했으며, 가장 인기 있는 토큰증권의 1세대라고 할 수 있다.

(4) 채권 또는 채권형 토큰

채권 또는 채권형 토큰은 발행 회사나 정부로부터 미래 수익의 흐름에 대해 약정된 액수를 청구할 수 있다. 채권과 채권투자계약의 거래에서 발생하는 비용 대비 효율성을 높이기 위해서는 토큰증권의 출현이 필수적이다. 토큰증권은 여러 가지 규제 방안을 준수하면서도 새로운 시스템을 제공한다. 본질적으로 이러한 토큰은 채권투자계약 상에서 채권의 소유권 이전과 결제 등에서 발생하는 비용을 현저하게 낮출 수 있다.

06

STO의 핵심 요소

세계 금융의 중심지, 월스트리트만큼 새로운 기술의 등장에 주목하고 또 열광하는 곳도 없을 것이다. 투자자들의 관심이 집중된 곳에는 언제나 이슈가 발생하며, 월스트리트는 판을 벌이고 수익을 극대화하는 공간으로 작동한다. 그렇게 하여 벤처 캐피털리스트의 연간 핀테크 자금 조성액은 기하급수적인 성장률을 보였다. 미래를 내다보는 기업들은 비전통적인 자금 조달 방법을 찾아낸다. 핀테크 기업이 그 대표적인 예다.

그러나 늘 자금조달에 어려움을 겪는 중소기업의 경우, 인터넷이 그런 문제를 해갈해주었다. 예를 들면, 크라우드펀딩을 활용하여 기업은 투자자들로부터 상품이나 기술 개발에 필요한 자금을 투자받는다. 현재 크라우드펀딩은 기업은 물론이고 자선단체나 개인에게도 그 문이 열려 있고, 자신의 콘텐츠를 웹상에 올려 펀딩을 받는 일은 이제 비일비재하다.

기하급수적으로 발전하는 기술은 4차 산업혁명 시대를 더욱 앞당겼고, 블록체인 기술은 미래가 아닌 지금도 유용한 시스템으로 작동하고 있다. 앞에서도 여러 차례 언급했듯이, 사토시 나카모토가 지난 2009년 1월 3일 세계 최초의 디지털 통화인 비트코인을 만든 이유는 명확하다. 중앙 당국이나 중앙은행의 개입 없이 P2P 네트워크를 통해 전송할 수 있는 전자현금이 필요했기 때문이다. 비트코인은 오직 온라인상에서만 존재하고, 운용 소프트웨어는 오픈 소스다. 이 말은 인터넷에 접속할 수 있는 사람이라면 누구든 이용할 수 있다는 뜻이다.

디지털 통화는 개인과 기업뿐만 아니라 정부 역시 그 혜택을 받는다. 예를 들면, 현금이 사용되지 않기 때문에 마약, 세금 탈루 등 범죄 집단과의 전쟁에서 도움을 받는다. 범죄자는 기본적으로 캐시, 즉 현금거래만 선호한다. 거래 내역이 드러나는 신용카드나 디지털 통화는 사용하지 않기 때문에 그들의 불법 거래를 줄이고 자금줄을 옭아맬 수 있다. 비트코인이 처음 세상에 나온 후 얼마 동안은 코인 그 자체에만 관심이 집중되었다.

하지만 현재는 비트코인을 작동하게 하는 원리, 즉 블록체인 기술에 더 많은 관심이 쏠리고 있다. 블록체인 기술을 기반으로 한 토큰증권 역시 금융 투자 시장에 큰 변화를 가져올 것이다. 그렇다면 토큰증권이 널리 확산되기 위해서는 어떠어떠한 요소들이 필요할까? 무엇보다 토큰증권은 기존의 투자계약을 대체할 뿐만 아니라 투자 시장 자체에 혁신을 가져올 수 있다. 그러한 혁신적 변화를 가져올 수 있게 하는 요소는 크게 네 가지로 구분할 수 있다.

첫째, 블록체인 프로토콜이다. 토큰증권은 블록체인 기술의 여러 프로토콜 가운데 어느 하나의 프로토콜에만 종속되지 않는다. 토큰증권을 발행하려는 주체는 토큰 개발에 필요한 프로토콜을 다양한 블록체인 프로토콜 중에서 선택해야 한다. 현재 토큰증권 대부분은 이더리움 블록체인을 기반으로 생성되고 있는데, 이더리움 2.0은 가장 인기 있는 블록체인 프로토콜 가운데 하나다. 앞으로는 여러 가지 프로토콜이 증권 시장에 등장할 것으로 예상되며, 개발자들은 다양한 기능을 통해 토큰증권과 연계된 스마트 컨트랙트를 고안할 수 있을 것이다. 스마트 컨트랙트 역시 블록체인 프로토콜을 통해 구현 가능하다.

둘째, 스마트 컨트랙트는 토큰증권에서 더욱 두드러진 기능을 선보인다. 토큰증권은 운용과 함께 법적인 측면에서 스마트 컨트랙트를 통해 안전성을 보장받는다. 토큰증권을 개발할 때 스마트 컨트랙트에 오류가 없어야 하는 것은 물론이고, 계약 시 발생할 위조와 변조를 철저히 막을 수 있어야 한다. 이것은 사이버 공격에 의한 위변조로부터 자유로워야 한다는 의미와 같다. 토큰증권이 자산의 안전성을 보장하기 위해서는 프로그래밍 언어, 연산, 암호화 등과 관련한 문제를 반드시 점검해야 한다.

셋째, 발행 플랫폼은 앞으로도 개발과 확장이 필요한 요소다. 현재 토큰증권을 생성하고 분배하는 플랫폼 숫자는 많지 않다. 현재 운영되고 있는 플랫폼들은 증권 공모를 대신할 규격화되고 규제를 준수하는 스마트 컨트랙트를 고안하는 데 주안점을 두고 있다. 이용 가능한 플랫폼들은 토큰증권 발행자들이 원하는 것이 아닌 법률과 규제에 따라 토큰증권을 발행하기 위한 플랫폼 규격화에 서로 합의할 필요성이 있다.

넷째, 토큰증권 거래소는 금융 시장 생태계에서 가장 핵심적인 요소다. 거래소는 투자자 간의 거래에서 주요한 촉매 기능을 수행하기 때문이다. 토큰증권의 거래 확대와 함께 투자자에게 유동성을 제공하려면 합법적인 조건을 갖춘 토큰증권 거래소가 필요하다. 4차 산업혁명 시대에서 기술은 우리의 상상력을 초월하여 진보하게 될 것이다. 이 같은 기술의 진보에 힘입어 토큰증권 거래소도 늘어나게 될 것은 당연하다. 특히 국제 거래 시 필요한 법률적 사항들은 완전 자동화로 바뀔 것으로 예상한다.

엠피리쿠스Empiricus 암호화폐 분석가인 안드레 프랑코는 "실물 자산의 토큰화로 인해 증권 발행과 감시에 드는 비용이 현저하게 낮아지게 되며, 이런 현상은 결국 블록체인 기술을 바탕으로 거래의 디지털화라는 새로운 영역을 창출할 것이다. 인터넷 초기에 그러했듯이, 블록체인은 새로운 금융 혁신의 문을 열게 될 것이다"라고 강조한다.

토큰증권 시장은 미국이나 유럽은 물론이고 이미 일본에서도 점차 확장되고 있는 추세다. 여기에는 여러 가지 요인이 작용하지만 특히 토큰증권이 지닌 '권리, 투명성, 보험, KYC와 AML, 재발행'에 관해 살펴볼 필요가 있다.

(1) 권리: 토큰증권이 투자자에게 제공하는 이점은 여러 가지다. 의결권과 법적 보증, 이익 배당권 청구뿐만 아니라 컴플라이언스와 잘 갖춰진 기업 거버넌스 등을 통해 유가증권의 발행과 투자 계약을 준수함으로써 발생하는 다양한 이점 등이 이에 해당한다. ICO와 달리 STO는 안전성과 보호 측면에서 더 큰 신뢰를 갖고 있기 때문에 토큰증권 시장에 투자자들의 참여도가 더 높아질 전망이다.

(2) 투명성: 투자자의 자본이 어떻게 사용되고 있는가를 확인하는

것은 STO의 장점 가운데 하나다. 어떤 프로젝트의 자금이 분산원장 기술 혹은 블록체인을 통해 조달된다는 것은 자금 흐름의 투명성을 쉽게 확인할 수 있다는 말과 같다. 투자자는 자신의 투자금이 스타트업이나 벤처 기업 등에서 향후 어떤 계획에 따라 자금이 활용되는지 확인하고 싶어 하기 때문에 토큰증권의 투명성은 더 많은 투자자들을 모을 수 있는 강점이다.

(3) 보험: 모든 유가증권 발행에는 규제가 따른다. 이런 점을 감안한다면 STO 또한 투자자에게 제3자의 보험과 금융 자산의 커스터디를 제공할 수 있다. 전통적인 방법으로 유통되는 유가증권처럼 STO는 투자한 프로젝트가 파산하거나 채무불이행이 발생할 경우 이와 관련된 보험 정책을 갖추고 있기 때문에 투자자의 신뢰를 얻을 수 있다.

(4) KCY와 AML: 고객 신원확인 인증(KCY)과 자금 세탁방지 인증(AML)은 금융 서비스 업계에서는 상식에 해당한다. KCY와 AML 관련 법령은 STO 발행자가 지켜야 하는 가장 유용한 제도다. 이런 시스템이 있기 때문에 불법 행위자가 토큰증권을 악의적 방법으로 사용하지 못하도록 규제할 수 있다.

(5) 재발행: STO는 여러 단계에 걸쳐 보안과 고객 서비스 지원, 디지털 자산의 보관 관리가 필수적으로 요구된다. ICO는 이런 사항들에 취약했기 때문에 투자 시장에서 사멸했다. 만약 투자자가 개인키private key를 분실할 경우 디지털 자산의 소유권을 다시 회복해야 한다. 이때 사이버 보안, 제3자가 제공하는 보관 관리 서비스, 투자

자용 및 서비스 문의 등이 필수적이다. 토큰의 재발행 방법이 현재보다 좀 더 편리하게 이루어질 수만 있다면 디지털 자산 생태계 전반에 큰 변화가 일어날 것이다.

투자 전문매체 이자미Exame에서 가상화폐자산부의 책임자를 맡고 있는 니콜라스 사치는 "블록체인 기술을 바탕으로 한 가상화폐 시장의 전문가들은 토큰증권에 주목하고 있다. 이것은 새로운 금융상품의 개발이라는 측면뿐만 아니라, 유망 기업이 자금 조달을 쉽게 함으로써 비즈니스 생태계를 확장시켜갈 것이 분명하기 때문이다"라고 강조한다. 그는 토큰증권의 도입과 확산은 과거 어느 시대에도 볼 수 없었던 변화와 혁신의 축이 될 것이고, 전통적인 방식으로 운영되었던 증권거래소의 존립을 위협할 것으로 보고 있다. 따라서 현재의 증권거래소 또한 토큰증권의 활용에 필요한 기술과 시스템, 운영 방식 등을 새롭게 준비하고 도입할 필요가 있다. 이 시기는 2030년 전후가 될 것이다.

07

토큰증권(STO)의 해결 과제와 기회

> "
> 사람들이 과거에 했던 실수를
> 미래에도 계속하게 된다는 추정이
> 성공적인 주식 투자 원칙의 바탕이다.
>
> –
>
> 토머스 F. 우드록 Tomas F. Woodlock
> "

에버코인 거래소 공동 설립자인 미코 마츠무라는 토큰증권의 도입과 확산이 가져올 투자 시장의 변화를 이렇게 예견했다. 그는 "STO는 글로벌 비즈니스 시장을 혁신할 잠재력을 지녔다. 그 원천의 맨 아래에는 오픈소스 소프트웨어가 있고, 그 위로 오픈소스 데이터를 제공하는 블록체인 층이 존재하며, 이런 기술을 활용하여 코인의 보관 및 관리와 결제가 직접 이루어진다. 그 어떤 누구도 변형이나 변경을 시도할 수 없는 이유는 암호화된 자산이기 때문이다. 그리고 시스템의 최상층에는 인터넷 프로토콜을 활용하여 글로벌 자산 시장에 효과적으로 작동하기 위한 아이디어가 있다. 이러한 시스템을 증권 전송용 프로토콜이라 부를 수 있다"라고 말한다.

전통적인 방식이든 비전통적인 방식이든 토큰증권은 그 이전과 다른 투자 세계를 열어갈 것이다. 기술의 발전이나 새로운 플랫폼이 과거의 증권 시장 생태계를 바꾸어 놓겠지만, 그래도 변하지 않는 것이 있다. 주식 투자는 예측을 바탕으로 한 투자다. 따라서 다양한 경로에서 수집한 논리와 확률을 바탕으로 특정 기업이나 종목의 '미래 가치'를 판단해야만 한다. 그러나 증권 시장은 언제나 '정보와 찌라시', '뉴스와 풍문' 등이 복잡하게 뒤엉킨 정글과 같다. 특히 블록체인을 바탕으로 한 토큰증권처럼 새로운 기술과 플랫폼, 운용 시스템이 시장에 등장하면 투자자는 그야말로 갈피를 못 잡고 혼돈에 빠진다. 그 혼돈의 외중에 누군가는 수익을 창출하고, 다른 누군가는 막대한 수업료를 지불하게 될 것이다.

그러나 과거부터 현재까지 낙관과 비관론 사이에 기회와 위기, 즉 '투자와 수익은 존재'한다. 1906년생인 유럽의 전설적인 투자자 앙드레 코스톨라니^{André Kostolany}는 열여덟 살에 처음 증권 투자를 시작했다. 그는 증권 시장을 항상 '정글'에 비유했고, 그곳에서 살아남는 법을 배우려고 지불한 수업료는 하버드대학교 등록금의 몇 배에 달한다고 회고했다. 그가 경험을 통해 축적한 투자 이론은 현장에서 타인의 돈을 갖고 투자의 경험을 쌓는 대부분 사람들과 달랐다. 열여덟 살 때부터 증권 시장에 뛰어들어 오랜 세월 동안 경험을 쌓았고, 그런 노하우를 바탕으로 자신만의 투자 이론을 완성한 사람이다. 수많은 투자 이론 가운데 그는 항상 "증권 시장에서는 모든 것이 가능하다"라고 강조했다.

STO는 그 누구도 상상하지 못한 새로운 투자 세계를 구축할 것이다. 과거부터 현재까지 이어온 전통적 방식의 금융 생태계에 지각 변동을 일으킴으로써 한 단계 높은 투자 자율화 및 민주화를 구축할 혁신적인 기술이다. 하지만 아직 초기 단계인 STO는 기회와 위기, 해결책과 문제점 등을 동시에 갖고 있다.

STO가 갖고 있는 문제점들을 살펴보면, 첫째, 가장 중요한 쟁점 가운데 하나인 전통적으로 유동성이 낮은 자산에 대한 국제적 수요가 거의 일어나지 않는다는 사실이다. 글로벌 시장에서 이루어지는 거래는 자산의 종류에 따라 그 수요도 각각 다르게 발생하는 것으로 알려져 있다. 따라서 희소가치를 지닌 예술품이나 빈티지 자동차의 유동성이 현물 바스켓의 유동성과 크게 다르지 않다고 주장한다면 반박을 피하지 못할 것이다. 전통적으로 이 낮은 자산에 대해 수요가 어떻게 발생할지는 좀 더 두고봐야 할 문제다.

두 번째 문제는 국제 거래 시 영향을 미칠 규제나 체제가 아직 명확하게 마련되어 있지 않다는 사실이다. 디지털 자산이나 가상화폐, 토큰증권 등은 개별 국가마다 관할하는 방식이 다르기 때문에 규제 방식 또한 다를 수밖에 없다. 비록 SEC가 이 분야에서 선도적 위치를 점하고 있지만, 여전히 디지털 자산과 관련한 표준화된 맞춤 규제 체제를 정비할 필요가 있다.

미국이나 유럽 등과 달리 STO를 시장에 적용하지 않은 국가는 새로운 기술과 시스템이 가져올 경제적 파급 효과를 예측하여 도약의 발판으로 삼을 만하다. 또한 디지털 자산을 활용하여 투자를 고민하는 기업과 창업자, 서비스 제공자는 규제 당국과 잘 협조하여 최소한의 규제와 최대의 지원책을 얻어낼 필요가 있다. 예를 들면 스위스와 몰타, 파라과이 등의 국가는 규제 법령이 다소 모호한 편이지만 정부가 긍정적 태도를 유지하기 때문에 발전 가능성이 높다.

단, 토큰증권을 자국 내에서만 거래하지 않고 여러 국가를 대상으로 할 경우에는 투자자들의 불안심리를 낮출 방안을 찾아내야만 한다. 글로벌 토큰증권 시장에서 원활한 거래가 이루어지려면 복수의 플랫폼을 상호 운용하거나 여러 개의 플랫폼에서 사용할 수 있는 단일화된 토큰 프로토콜의 개발 등이 필요할 것이다. 또 무엇보다도 관련 산업에서 비즈니스 업계 전반에 걸쳐 사용할 수 있는 블록체인과 토큰 프로토콜에 대한 합의가 이루어져야 한다.

현재 화이트리스팅이나 인증에 초점을 맞춘 토큰 프로토콜이 일부에서 진척을 보이고 있고, 특정 코인의 경우 이미 거래되고 있는 상황을 감안하면 낙담할 필요는 없을 듯하다. 다른 신기술처럼 STO도 크고 작은 문제점을 보완하면서 성장할 것이다. 그럼에도 불구하고 단언할 수 있는 건 바로 '성장의 기회가 무한하다'는 점이다. 실제 기회의 가치를 확인하는 방법은 의외로 간단하다. 분산원장 기술을 이용하여 발행한 토큰의 가치와 이익은 실제 비즈니스 시장에서 크게 확장된다.

현재 글로벌 채권 시장에서 거래되는 시가 총액은 대략 700조 달러이며, 시장의 규모는 920조 달러에 달하는 것으로 추정된다. 이 중에서 투자 전문사나 고액순자산 보유자들의 거래액이 큰 비중을 차지한다. 전 세계 인터넷 사용자 41억 명이 토큰증권을 사용한다고 가정한다면 그 잠재력과 가능성은 상상할 수 없을 정도다. 블록체인 기술을 활용한 토큰증권이 실제 주식시장에서 자리 잡고 활용된다면 주식과 채권의 세계 거래량이 확대되리라는 것은 의심의 여지가 없다.

토큰증권을 통해 은행 간 통신 결제시스템이 바뀌게 되면 금융산업 전반에 걸쳐 큰 변화가 예상된다. 현재 은행 간 거래는 대략 9,000여 개의 은행이 가입한 국제은행간통신위원회(SWIFT)의 통신망을 사용한다. 은행이나 금융기관, 토큰증권의 발행 주체가

SWIFT의 시스템이 아닌 분산원장 기술을 이용한 결제로 바뀔 수 있다면 전 세계 금융기관들이 어떤 대응을 펼칠지도 예상된다.

EY암스테르담의 세무 파트너 데니스 포스트는 "지난 2019년 이후 토큰증권은 가파른 성장세를 보이고 있다. 토큰증권에 대한 과세 문제가 대두되는 것은 국가마다 STO 관련 세법에서 큰 차이가 있기 때문이다"라고 언급하며, "각국 정부가 토큰 보유자에게 투명한 기준을 제시하는 것은 이제 기본이다"라고 말한다.

전 세계 인터넷 사용자들이 토큰증권을 이용한다고 가정할 때, 토큰증권이 지닌 가치는 수천 조가 넘을 것이고 개인 투자자들은 더 많은 기회를 손에 쥐게 된다. 물론 토큰증권 시장에 참여한 기업들도 유동성 확대와 함께 더 많은 자금을 쉽게 조달 받게 된다. 금융 전문가와 경제학자들은 토큰증권의 가장 큰 수혜자는 금융산업이 될 거라고 예측한다. 이러한 금융상품이 시장에 수용되면 컴플라이언스와 백오피스 비율이 낮아지는 동시에 금융기관 간 결제 과정이 더욱 간편해지기 때문이다.

토큰증권이 확산되면 무엇보다도 비용 감소와 시간의 효율성이 높아지기 때문에 산업 전반이 일대 전환점을 맞이하게 될 것이다. 우리가 전통적 방식으로 거래할 때 사용하고 있는 이메일이나 파일 전송 등은 분산원장 기술로 대체될 수 있다. 골드만삭스를 비롯한 여러 금융기관의 추정에 따르면, 백오피스 관련 활동 비용은 연간 60억~100억 달러에 달하며, 오랜 세월 주식시장의 골칫거리였던 결제 기간 문제도 쉽게 해결할 수 있다.

블록체인 인더스트리스의 폴 킴은 "이제 STO는 기업 자금 조달 방식의 새로운 미래가 될 것이다"라고 말한다. 소유권 행사, 자동화된 이익 분배, 스마트 컨트랙트를 통해 투명성이 확보되면 유동성의 단기 실현 및 글로벌 투자자 풀이 확대되어 규제를 지키면서도 투자자들에게 쉽고 빠르게 수익을 지급하는 생태계가 형성될 것이다. 그렇다면 금융산업은 블록체인 기술을 바탕으로 토큰증권을 활용하여 어떤 혜택을 얻을 수 있을까? 일곱 가지 측면에서 주요 혜택을 살펴볼 수 있다.

(1) 결제 자동화 컴플라이언스를 활용한 비용 감소

아일랜드 소재 전략컨설팅 기업 엑센츄어는 "분산원장 기술로 인해 금융산업이 얻게 되는 비용 절감액은 대략 100억 달러 이상이다"라고 발표했다. 이처럼 거래 당사자 간 거래는 자동화 시스템을 활용하여 결제 기간이 훨씬 단축되기 때문에 당연히 비용 절감으로 이어질 수밖에 없다. 또한 자동화 컴플라이언스 시스템 덕분에 전 세계 투자자들은 국가마다 각기 다른 규제에 따른 문제에 얽매이지 않아도 된다.

(2) 이익 분배와 배당금 지급의 자동화

스마트 컨트랙트를 이용하면 증권 발행 주체는 개별 토큰마다 이익 분배와 배당금 지급을 자동으로 처리할 수 있다. 따라서 투자자나 주주에 대한 지급과 분배 과정이 신속하고 편리하게 처리된다.

미국에서는 약 3,000여 종의 주식이 이런 프로세스를 이용하여 배당금을 지급하고 있다.

(3) 개별 은행과 중앙은행의 결제 자동화

국제 금융산업에서 가장 복잡한 부분 가운데 하나가 은행 간 결제와 정산에서 이루어지는 컴플라이언스 문제라고 할 수 있다. 중앙은행은 이미 여러 금융기관 간의 거래를 결제하고 정산하는 방식을 자동화하기 위해 화폐처럼 사용할 수 있는 유틸리티 토큰을 검토 중이다.

(4) 국경 없는 연중무휴의 시장 운영

가상화폐 거래소는 이미 연중무휴로 시장을 운영 중이다. 세계 곳곳에서 트레이더, 투자자, 발행인이 함께 분산형 방식을 이용하여 자산을 거래하고 있다. 즉 거래소 개장 시간이 늘어나 더 많은 사용자가 참여할 수 있기 때문에 당연히 거래량이 증가할 것이고, 이는 대규모 자산의 유동성 확산으로 이어지게 된다.

(5) 펀드와 소유권 이전의 편리성

토큰증권을 이용하면 펀드 지분이나 소유권 이전을 훨씬 수월하게 처리할 수 있다. 증권 거래에 수반되는 권리를 토큰 소유자가 행사할 수 있으며, 각각의 단계에서 토큰증권에 대한 소유권의 변경 및 증권에 수반되는 권리가 즉시 이전된다.

(6) 본인 확인의 간편성

현재 AML과 KYC는 그 절차상 투자자와 발행인의 본인 확인 비용이 만만치 않고 시간도 오래 걸리는 편이다. 분산원장 기술을 활용한 생태계 안에서는 투자자와 발행자, 금융기관 등을 포함한 시장 참여자에 대한 기록을 지속적으로 갱신할 수 있다. 이런 방식의 간편 절차는 고객 서비스를 강화하여 투자 시장에 더 적극적으로 참여할 수 있게 해준다.

(7) 신디케이트 대출의 편리성

많은 금융기관에서 대출 시스템은 중추적 역할을 하지만 다양한 네트워크에 분산된 대출자 정보와 기록을 갱신하는 일은 쉽지 않다. 자동화된 분산원장 시스템은 전 세계 여러 나라에 걸쳐 대출자의 갱신 정보와 기록을 지속적으로 제공함으로써 시간과 비용을 줄일 수 있다.

08

토큰증권(STO)과 금융 산업의 혁신

> 독립적인 현상을 충분히 연구하고
> 상관관계를 찾는다면 무언가를
> 발견할 수 있다.
>
> –
>
> 칼 세이건

4차 산업혁명 시대는 '융합의 시대'이고 과거와는 다른 방식으로 변화를 추구한다. 그 이전 시대에 주로 사용했던 혁신 방법은 낡은 시스템을 부수고, 새로운 가치를 세우는 것에서 출발했다. 지난 2004년 마크 저커버그가 페이스북을 처음 만들 때 내세운 모토는 "빨리 움직이고, 과거의 모든 것을 파괴하라"였다. 비슷한 시기에 성공한 CEO들도 그와 같은 생각으로 비즈니스 세계를 구축했다. 그러나 융합의 시대에는 변화와 혁신에 대한 관점이 달라졌다. 이미 존재하고 있는 기존 시장을 파괴하지 않으면서 새로운 비즈니스 모델 창출이 충분히 가능하다는 점에 초점을 맞춘다.

블록체인 기술을 바탕으로 한 토큰증권 역시 외형상으로는 그 이전에는 없던 아주 새로운 시스템으로 보인다. 하지만 비즈니스 운영과 투자 심리라는 구조적 측면에서 보면 투자자와 기업의 연결을 통한 수익 창출을 목표로 하는 전통적 증권 생태계와 크게 다르지 않다. 오히려 과거의 전통적 비즈니스 마인드는 유지하면서 사용자의 안전과 편리성을 도모하여 비즈니스를 확장하는 방식이라 할 수 있다.

전통적인 증권 시장을 유지하면서 혁신적인 변화를 추구하려면 토큰증권은 어떤 방향으로 혁신되어야 할까? 블록팀 벤투레스 BlockTeam Ventures의 설립자 사이먼 보그노비치는 "토큰증권은 세계에서 유동성이 낮은 시장의 족쇄를 풀어버릴 것이다. 그러나 대중적으로 수용되려면 확산과 안전성을 위해 더 많은 인프라와 규제가 필요하다"라고 말한다. 토큰증권의 발행이 스타트업의 사모펀드

발행, 고가의 예술품 거래, 부동산 파이낸싱 등 다양한 거래 방식으로 세계 증권 시장의 규모 확대를 가져올 것은 분명하다. 과거 증서에 기반한 거래가 비즈니스 확산의 걸림돌이었다면, 토큰증권은 계약 체결과 이행을 자동화 방식으로 프로그래밍하기 때문에 그런 제약에서 자유롭다.

우선 토큰증권이 세계 금융시장에 적용, 확산되면 자동화된 컴플라이언스 시스템이 여러 시장들을 이어줄 수 있다. 이를 통해 과거 특정 국가에서만 거래 가능했던 자산들이 오픈되고, 세계 시장에서도 자유롭게 거래될 수 있다. 따라서 국가라는 장벽을 넘어 여러 곳에서 투자 기회의 민주화가 이루어지게 된다. 고액의 순자산을 보유한 사람이나 전문 투자자만이 누렸던 투자 기회를 일반 투자자도 쉽게 접근하게 됨으로써 시장의 확대를 가져오게 된다. 토큰증권이 혁신적 방법으로 자리매김하려면 세 가지 핵심 요소가 구축되어야 한다.

첫째, 시장의 글로벌화가 이루어져야 한다. 블록체인 기술로 프로그래밍된 토큰증권은 개별 국가의 규제 사항을 준수하면서 동시에 모든 형태의 자산이 거래되는 방식이다. 연중무휴로 운영되는 시장은 시간이나 공간의 제약을 받지 않는다. 이런 특징은 투자 심리를 자극하고 거래량과 유동성을 더욱 확장시키는 요인이 된다.

둘째, 자산의 다양성이다. 토큰증권이 자동 실행 시스템과 양립할 수 있게 되면, 블록체인 솔루션을 활용하여 더 넓은 범위에서 투자자들이 참여할 수 있게 된다. 더욱이 토큰증권으로 발행하게 되는 금융 상품이나 파생 상품 등으로 투자자의 자산을 더 크게 늘릴 수 있다.

셋째, 조각 투자가 가능해진다. 현재의 시스템에서 조각 투자는 상당히 복잡한 절차를 거쳐 이루어진다. 그러나 토큰증권을 통한 거래 환경이 조성되면 고액의 순자산 투자자들만 가능했던 투자의 기회가 열리게 된다. 조각 투자 방식을 이용하여 부동산 개발업자들은 더 큰 자금을 손쉽게 조달하여 투자 수익을 높이게 된다. 이것은 대규모 크라우드펀딩으로 자금을 조달하는 방법과 비슷하다.

토큰증권은 투자자와 발행인 모두에게 기회를 제공함으로써 금융시장에 참여한 사람들 모두 그 혜택을 누릴 수 있게 된다.

예를 들면 개인이 단 하나의 은행계좌만 갖고 있어도 여러 국가에서 동시에 사용할 수 있기 때문에 편리성을 바탕으로 한 금융 거래 시장이 확장된다. 이와 같이 보편적으로 사용 가능한 은행계좌는 금융의 세계화를 가져올 것이다. 따라서 은행과 금융기관 등은 분산형 토큰과 중앙집중형 토큰 도입에 긍정적 태도를 보인다. 특히 분산형 토큰은 누구나 쉽게 투자할 수 있기 때문에 금융 환경을 좀 더 민주적으로 만들 수 있다. 핀테크 기업들의 금융 시장 참여가 수월해지는 반면, 전통적 금융 시장에서 부동의 자리를 지키던 대기업들의 혜택은 감소할 것으로 보인다. 이것은 결국 최종 소비자들에게 비용 절감과 더불어 더 많은 혜택으로 돌아갈 것이다.

또한 프로그래밍이 가능한 투자 계약 증권은 은행 산업에도 다양한 이득과 변화를 일으킬 것으로 전망된다. 개별 금융기관 간에 이루어지는 커뮤니케이션의 효율성은 다음 세 가지 장점으로 요약할 수 있다.

(1) 은행계좌의 보편화

우선 금융거래를 이용하는 개인은 보편적 은행계좌를 활용하여 토큰증권 또는 가상화폐를 사용할 수 있게 된다. 개인이 만든 보편적 계좌는 다른 국가에서도 이용 가능하기 때문에 세계 각국의 은행들은 동일하게 기록된 분산원장을 보유함으로써 그 효율성을 높일 수 있다.

(2) 토큰을 이용한 결제

분산형 토큰과 중앙집중형 토큰은 크든 작든 규모에 상관없이 금융기관들 사이에서 발생하는 결제 과정을 쉽고 편리하게 소비자에게 제공할 수 있게 된다. 금융기관이 분산형 토큰을 이용하게 되면 고객에게 금융 서비스를 제공하는 증권업자들이 토큰 생태계를 좀 더 활성화하여 수익을 높이는 기대효과를 가져올 수 있다. 새로운 금융회사를 운영하기 위해 전통적 방식의 시스템에서 요구하는 불필요한 단계를 거치지 않아도 되며 여러 가지 제약에서 자유롭게 된다. 그렇게 되면 은행이나 다국적 기업, 산업 주체들 간에 커뮤니케이션 협력망이 구축되어, 결국 상호 결제의 필요성 때문에 중앙집중형 토큰 사용으로 확장된다.

(3) 커스터디 솔루션을 통한 토큰 수탁

금융시장은 투자자의 토큰증권을 더 안전하게 관리하려는 시스템을 구축하게 된다. 제3의 커스터디 서비스 제공업자들은 기관 투자자들을 위해 24시간 운용하는 개인용 솔루션 개발에 주목할 만한 성과를 보이고 있다. 미국 대형 금융회사인 피델리티 사는 이 분야에서 혁신적인 기업으로 평가받는다. 이미 지난 2014년부터 피델리티는 디지털 자산의 보관 서비스를 위한 다양한 솔루션을 개발 중이다.

커스터디 솔루션이란 규제 대상이 되는 기존의 금융기관들이 특정한 디지털 자산의 처분에 필요한 암호화키를 안전하게 운영 관리하는 서비스를 말한다. 이러한 시스템은 결제 시스템의 효율성을 높이고, 핀테크 회사의 설립 비용 등을 낮출 것으로 기대된다. 이런 방식으로 금융회사 간 또는 중개인 간 경쟁이 강화되기 때문에 최종 소비자는 저비용, 고품질의 금융 서비스를 누릴 수 있다. 결론적으로 말하자면, 토큰증권의 자동화 시스템은 글로벌 금융 결제 시스템의 효율성을 높이기 때문에 국경이나 개별 금융기관의 장벽을 넘어설 수 있다.

09

토큰증권(STO)과 유동성

> "
>
> 넓은 의미에서 경제학은 본질적으로
> 모든 영역에서 인간의 삶을 다룬 것이다.
>
> -
>
> 다이엔 코일
>
> "

투자에 관한 기대 심리는 다양한 환경에서 작동한다. 현재라는 시점에 큰 영향력을 미칠 수 있는 과학 기술의 발전이나, 기업의 성장 동력이 될 미래 지향적 비즈니스 아이템 등이 금융 시장의 기대 심리를 불러일으키는 주된 요인이다. 그러나 역설적이게도 금리가 낮고 저성장 시대가 지속될 때에도 투자자의 기대 심리와 관심 또한 늘어나는 경향이 있다. 투자 전문가들은 경제와 기술, 사회 문화 환경이 변화되는 시점이 '투자의 호기'라고 말하곤 한다. 그들의 판단에 일정 부분 공감하는 건, 바로 미래는 예측보다 어떻게 대응하는가에 따라 투자의 호불호가 갈리기 때문이다.

토큰증권이 전 세계 투자자와 금융기관에 수용되려면 몇 가지 사항이 우선 보장되어야 한다. 그 가운데 중요한 것이 바로 시장에서의 유동성이다. 토큰증권의 유동성은 투자 시장의 건전성과 발전을 유지하는 데 결정적 요소라고 할 수 있다. 유동성이 높은 토큰증권은 거래 주문량을 늘릴 수 있다. 다양한 토큰증권이 주식시장에서 대량으로 거래되면 개인 구매자나 판매자는 토큰증권 발행을 늘리거나 단기간에 처분할 것이다. 이렇게 토큰증권의 전체 매매량이 증가하면 주식 시장의 적응력이 높아지고, 더 많은 사람이 토큰증권 시장에 참여하게 된다.

유동성은 주식시장을 발전시키는 핵심 요소이지만, 강제적인 방법이나 비전형적 방식으로 유동성을 불러올 수 없다. 매매 주문이 없다면 유동성이 실현될 수 없기 때문이다. 전통적인 시장에서와 마찬가지로 토큰증권이 유동성을 확장시키려면 세 가지 조건이 충족되어야만 한다. 첫째, 정보의 투명성이다. 주식시장은 참여자 사이에 서로 다른 정보의 비대칭 현상이 발생하지 않도록 투명해야만 한다. 둘째, 안전성은 필수 조건이다. 유동성이 큰 시장이라면 거래 규모가 상당하게 이루어진다. 이때 시장은 강력한 사이버 보안에 의해 안전성이 보장돼야 한다. 해킹 등으로 거래 시스템이 멈추지 않도록 주의를 기울여야 한다. 시스템의 정지는 토큰증권 거래의 위험성을 증폭시켜서 참여 심리를 낮추고, 신규 투자자의 진입을 막기 때문이다. 셋째, 개방성은 토큰증권의 확장에 기여한다. 가능한 많은 사람이 시장에 참여할 수 있도록 토큰증권 생태계가 개방되어야 한다. 디지털 자산의 매매가 활발해질수록 유동성은 증가하기 때문이다.

단기적 관점에서 보면 토큰증권은 매매가 쉽지 않은 자산이나 거래에 매여 있는 투자자들에게 해결책을 제공한다. 단적인 예로 부동산 거래를 들 수 있다. 투자자가 부동산을 소유할 때 포지션 매매나 조각 투자 방식은 쉽게 이루어지지 않는다. 그러나 토큰증권이 도입되면 이런 거래가 쉽게 가능해진다. 예를 들면, 부동산 거래처럼 유동성이 낮은 자산을 쉽게 활용할 수 있게 된다. 또한 가격이 높아 거래가 잘 이루어지지 않는 비상장 증권도 판로가 열릴 수 있다. 비상장 주식은 거래 시 상당한 비용이 발생하는데, 토큰증권이 도입되면 비용 부담이 상대적으로 크게 줄어든다.

토큰증권 거래소는 매수자와 발행인 사이에 중심적 역할을 수행한다. 투자자가 토큰증권을 매수한다는 건, 발행인이 자신의 벤처에 참여할 수 있도록 지분을 판매한다는 것이다. 이때 트레이더 상호 간에 토큰이 매매되는 디지털 플랫폼이 토큰증권 거래소라고 할 수 있으며, 중앙집중형 토큰증권 거래소가 일반화될 것으로 전망한다. 또한 서로 다른 거래소라도 국제적 기술표준이 적용되면 같은 거래소에서 서로 다른 토큰의 거래가 가능하며, 반대로 다른 거래소 간의 거래 또한 가능해진다.

특히 제3자에 의한 커스터디 서비스 제공은 유동성이 높은 토큰증권 시장에서 중요한 역할을 한다. 투자자는 특정 자산에 대한 주식 포지션을 보유할 수 있고 신속하게 처분할 수도 있게 된다. 유동성이 낮은 자산에 대한 주식 포지션을 처분할 때 발생하는 복잡한 서류 작업을 할 필요가 없어지기 때문이다. 토큰증권 거래소는 다양한 형태의 자산을 거래할 수 있고, 연중무휴로 운영된다. 이것은 컴퓨터 네트워크를 바탕으로 거래소 간에 필수적인 자동화 시스템을 갖추었기 때문에 가능하다.

여러 종류의 토큰들이 공동의 기술 프로토콜에 의해 운영됨으로써 자산의 외국 거래가 가능해지기 때문에 유동성의 국제화가 이루어지게 된다. 자본과 주식이 시장 전체의 유동성을 제공하는 데 어느 정도의 규모가 필요한지는 아직 불확실하다. 그러나 발행인은 발행된 토큰증권의 일부를 마켓 메이커^{Maket Maker} 시스템에서 운영할 수 있다. 보통 브로커나 딜러를 말하지만 한국 시장에서는 증권사들이 이 역할을 맡아 왔다. 유동성 제고를 위해 도입된 마켓 메이커는 거래에 따른 비용이나 주식 재고 부담, 가격 위험 등에

노출되기 때문에 원활한 시장조성 의무를 실행할 수 있도록 거래 비용을 절감해 주는 방식으로 금전이나 제도적으로 인센티브를 제공한다. 미국은 마켓 메이커에게 강력한 의무를 부여하고, 큰 폭의 스프레드를 인정하여 시장조성 거래의 자율성을 보장하고 있다. 미국 뉴욕증권거래소는 전 종목에 대해 마켓 메이커를 지정하여 유동성 향상 의무와 함께 인센티브를 부여하고 있다.

토큰증권의 소유자는 원하는 시점에 토큰을 호가에 넘길 수 있다. 이러한 경우 토큰증권은 투자자에게 상환 위험이 낮은 자산으로 인식되며, 토큰증권 소유자는 유통 시장에서 매매를 통한 이익을 기대할 수 있게 된다. 결론적으로 말하자면 유동성이 없는 시장은 절대 작동하지 않는다는 사실이다. 토큰증권이 금융산업을 혁신하기 위해서는 유동성은 결코 가볍게 볼 수 없는 핵심요소다.

셀로 재단의 중남미 책임자 카밀라 리오하Camila Rioja는 토큰증권이 미래 경제 시장에 가져올 파장과 기대에 대해 이렇게 말한다. "세상에 없는 길을 나서는 사람은 새로운 길을 만들어야 하는 어려움이 있다. 그러나 그의 노력 때문에 공동체 전체가 무한 혜택을 받게 된다. 규제라는 측면에서 보면 다음 단계를 좀 더 안전하게 만드는 과정이며, 토큰 기반 경제의 미래를 확장한다는 면에서 아주 중요하다고 볼 수 있다." 토큰증권 발행을 통해 자금조달에 성공했다면 투자자에게 중요한 건 유동성이다. 개인투자자나 기관투자자, 자산운용사, VC, 펀드 등이 시장에서 더 적극적으로 활용되려면 생태계 마련과 보장이 중요한 요소다. 이것이 바로 유동성으로 이어진다. 시장의 건전성과 믿을 수 있고 투명하고 정확한 정보의 공유, 그리고 안전한 거래가 이루어진다면 매도, 매수가 활발해질 것이고 그 토큰증권에 대한 기대감이 형성된다. 마운트 곡스^{mt Gox} , 비트스탬프^{Bitstamp}, 더 다우^{The DAO}, 비트파이넥스^{Bitfinex} , 야피존^{Yapizon} 등이 그 대표적인 예다.

10

토큰증권(STO)과 금융 생태계

> 큰 부자가 되기 위해서
> 완벽한 지혜를 갖출 필요는 없다.
> 장기적으로 평균보다 조금 더 나으면 된다.
>
> –
>
> 찰리 멍거

세계 경제는 호황보다 불황에 더 민감하게 반응한다. 당연한 말이지만 위기 상황에서도 촉을 세워 투자 기회를 잡는 사람들이 있다. 그렇다면 도대체 위기를 기회로 바꾸는 사람들은 어떤 노하우를 가졌을까? 60년 넘는 세월 동안 성공적인 투자를 해온 래리 윌리엄스^{Larry Williams}는 1962년 로빈스 선물 트레이딩 월드컵^{Robbins World Cup Championship in Future Trading}에서 우승을 차지하면서 대중에 알려진 인물이다. 그는 12개월 동안 1만 달러 자본으로 110만 달러의 수익을 내면서 누구도 달성하지 못한 투자 신기록을 세웠다. 그가 세운 수익 11,000퍼센트라는 신기록은 역대 어느 참가자도 상상하지 못한 일이고, 기록은 현재까지도 깨지지 않고 있다. 래리 윌리엄스의 투자 원칙은 간단하다. 그건 바로 '좋은 주식을 좋은 때에 사는 것'이다.

오랜 세월 동안 워런 버핏의 투자 파트너로 함께한 찰리 멍거의 투자 원칙 또한 래리 윌리엄스와 크게 다르지 않다. 찰리 멍거는 "적당한 사업을 좋은 가격에 사는 것은 잊어라. 그 대신 훌륭한 사업을 적당한 가격에 구입하라"고 투자자들을 향해 조언한다. 가격과 타이밍은 투자 시장에서 성공하는 가장 기본적이면서 동시에 핵심 원칙이라 할 수 있다. 그런데 이러한 핵심은 투자 생태계의 변화나 기술 발전, 세계 경제의 흐름 등을 파악하는 공부가 습관화되어 있을 때 주머니 속의 송곳처럼 그 재능을 발휘하게 된다.

미래학자들은 블록체인 기술을 바탕으로 한 가상화폐를 4차 산업혁명 시대를 이끌어 갈 혁신 가운데 하나로 꼽는다. 특히 세계 여러 나라에서 이미 법적 제도화를 통해 투자 시장에 적용하고 있는 토큰증권은 전통적 방식의 증권 생태계에 큰 변화를 가져올 것이다. 그렇기 때문에 미래 투자 시장의 중심이 될 토큰증권의 현재 생태계를 이해하는 것이 무엇보다 중요하다.

토큰증권 생태계는 전통적인 방식으로 작동하고 있는 자본 시장의 여러 시스템이 적용된다. 토큰증권은 현재의 자산 거래 제도가 기술적으로 좀 더 진화한 것이어서 기술적 편리성과 안정성 때문에 개인 투자자들의 참여를 높일 수 있다. 개인 투자자들의 참여가 높아지면 당연히 유동성과 거래량이 확보되는데, 이는 투자 시장의 외면을 확대하고, 투자의 잠재적 요소를 이끌어내기에 충분하다. 토큰증권 생태계가 좀 더 단단해지기 위해서는 다음 여섯 가지 요소가 필요하다.

(1) 커스터디와 신뢰

커스터디 서비스는 토큰증권 생태계 구축의 가장 중요한 요소라고 할 수 있다. 투자자의 디지털 자산을 보호하기 위해서는 사이버 보안과 함께 커스터디 서비스 제공이 필요하다. 과거든 현재든, 앞으로 다가올 미래든 전 세계 금융과 은행업, 화폐 제도는 신뢰를 바탕으로 존재한다. 신뢰가 없다면 작동할 수 없는 것이 바로 화폐와 금융 시스템인 것이다. 결국 토큰증권이 새로운 시장을 형성하고, 전체 시장으로 확대되려면 제3자에 의한 커스터디 서비스 제공과 함께 신탁 제도가 있어야 가능하다.

(2) 토큰증권 발행 플랫폼

토큰증권을 발행하는 플랫폼은 소프트웨어의 개발 지원과 비슷하다. 자동화된 계약 실행 명령, 프로그래밍된 대금 지급, 계약 조항들이 스마트 컨트랙트 방식으로 코딩된다. 예를 들어 토큰증권을 발행하려는 기업은 플랫폼에서 투자 계약 단계에서 필요한 주요 조건을 소프트웨어 코드에 첨부하여 블록체인 상의 스마트 컨트랙트에 기록한다. 이후 토큰증권 발행 플랫폼에서 토큰을 생성하면서 동시에 토큰에 코딩이 이루어진다. 공모와 사모 발행 시장에서 전통적으로 이루어지던 거래 방식, 즉 이메일이나 팩스 같은 수작업 시스템이 전부 자동화 시스템으로 바뀐다.

(3) 법률 상담 서비스

레그테크[REG-TECH]란 규제[Regulations]와 기술[Technology]의 합성어로, 다양한 기술을 활용하여 금융 관련 규제를 관리 및 통제하는 서비스를 말한다. 블록체인 기술을 바탕으로 한 미래 산업은 물론이고 토큰증권 시장에서도 레그테크는 필수적인 서비스다. 사실 세계 여러 국가의 디지털 자산 규제에 대해 합리적이고 보편화된 법률 방안을 마련하기가 쉽지 않다. 개별 국가마다 추구하려는 이해관계가 다른 데다 레크테크 기술 서비스를 이용하려는 기업에겐 적지 않은 부담이 되기 때문이다. 따라서 토큰증권 프로젝트를 통해 증서로 된 증권 발행에서 자동 실행을 갖춘 디지털 형식의 토큰증권으로 전환하려면 강력한 법적 대응력을 갖추어야만 한다.

토큰증권 프로젝트 진행에 강력한 법적 카운슬링 서비스가 수반되어야만 토큰 증권이 전통적인 증권 시장에서 뿌리를 내리고 확산될 수 있을 것이다. 경우에 따라 개별 국가에서 사용하는 전통적 증권에 대한 규제와 사용 등이 토큰 증권에 적용될 수도 있다. 이는 토큰증권 생태계가 확장하기 위한 과도기적 방식이면서 동시에 해결해야 할 과제 및 도전이기도 하다. 따라서 모든 프로젝트를 진행할 때 토큰증권의 발행에 앞서 신뢰성과 안전성을 갖춘 법률 서비스가 반드시 필요하다.

(4) 토큰증권과 금융기관

전통적인 시장 거래의 중심축이 되어온 금융기관은 토큰증권 시장의 거래와 활성화에서도 그 역할을 수행한다. 각각의 구역에서 서로 다른 서비스를 준수하면서 전통적인 방식의 증권을 매매하려면 법적 자격을 갖춘 금융기관과 교섭해야 한다. 특히 금융기관은 과거부터 현재까지 특정 자산에 대한 관심을 바탕으로 다양한 정보를 갖추고 고객 명단을 확보하고 있다. 따라서 토큰증권을 발행할 때에도 금융기관은 자산 보유자와 투자자 사이를 중개하며 거래를 활성화하게 된다.

(5) 트레이딩 플랫폼

금융기관처럼 트레이딩 플랫폼 또한 전통적 금융시장에서 흔히 볼 수 있는 시스템이다. 트레이딩 플랫폼은 자산 거래 생태계에서 심장에 해당한다. 토큰증권 시장에서는 일종의 거래소 시장이라는 형식이 필요하고, 트레이딩 플랫폼은 필수라고 할 수 있다. 최근 몇 년 동안의 사례를 살펴보면 토큰증권의 트레이딩 플랫폼은 전 세계적으로 확산되고 있는 가상화폐 거래소와 유사한 거래 방식으로 운영될 것이다. 토큰증권 시장에서 상당한 규모로 거래량과 유동성이 증가하려면 가상화폐 거래소가 급증했던 것처럼 트레이딩 플랫폼이 확산되어야 한다. 대부분의 가상화폐 거래소와 달리 토큰증권 거래소는 자산의 거래가 디지털 증권으로 취급되기 때문에 훨씬 더 까다로운 규제 절차 및 시스템이 필요하다.

(6) 투자자 인증 시스템

컴플라이언스 서비스는 토큰증권 생태계에서 중요한 요소다. 토큰증권 시장에서 투자자 인증이 중요한 이유는 트레이딩 플랫폼이 참여자들 사이의 신뢰를 높이고, 디지털 투자 계약 및 거래에 참여하는 투자자들의 신원 확인 시 엄격한 규제를 준수하기 때문이다. 따라서 트레이딩 플랫폼은 거래소 간 교차 거래에서 투자자 인증이라는 시스템을 반드시 거치도록 만들어야 한다. KYC/AML은 이러한 투자자 인증 방식에 최적화된 시스템이다. 인증 시스템의 핵심은 투자자의 자격 요건 확인과 거래소가 범죄로 이용될 수 없게 만드는 것이다. 따라서 투자자 인증 서비스와 회계 감사 등 컴플라이언스 서비스를 제공하는 제3자가 필요하다.

토큰증권 생태계를 구성하는 이 여섯 가지 요소들은 각기 독립적인 방식으로 존재하면서 동시에 상호 연관성을 갖는다. 이를 바탕으로 서비스 제공업자, 투자자, 발행인 등은 상호 신뢰를 통해 토큰증권 거래를 할 수 있다. 금융기관이 법적 규제를 준수하면서 투자자 참여를 늘려야만 토큰증권 생태계의 구축과 실현 및 확장이 가능해진다. 또한 규제 관할 방식이 다른 개별 국가들 사이에서 거래가 활성화될 수 있도록 플랫폼을 갖추고, 컴플라이언스 서비스를 구축하는 것이 중요하다. 그렇게 되면 개인 및 기관 투자자의 신뢰는 더욱 높아질 수 있고, 진정한 의미의 금융혁신이 이루어져 토큰증권은 새로운 금융 시스템으로 자리매김하게 될 것이다.

　디지털 자산과 가상화폐의 출현으로 디지털 거래 시스템은 새로운 전환점을 맞이했다. 블록체인 기술을 바탕으로 한 토큰증권은 국제 금융시장을 재구축할 것으로 전망되는데, 바로 디지털 토큰 기술이 가진 잠재력 때문이다. 특히 토큰증권에 대한 전 세계 규제 기관들은 전통적 자본 시장의 신뢰 시스템을 그대로 재현하기 위해 규제를 가할 것으로 예상한다.

　현재 사용되고 있는 디지털 토큰의 경우 법적, 정치적 시스템은 아직 초기 단계이지만 성장이나 기대 가능성은 높다. 특히 기술 혁신이라는 측면에서 긍정적인 평가를 받고 있다. 따라서 투자자들에게 보안과 보험을 제공하는 적절한 규제 방안 마련이 시급하다. 증권법을 준거법으로 하여 토큰 보유를 일정 수량 이상 소유할 수 없게 하거나, 토큰 양도에 제한을 두는 방식, 공시 규정을 적용하거나, 토큰 거래를 촉진할 때 비즈니스에 제약을 두는 방식도 생각해볼 수 있다. 이러한 규제들은 토큰 산업의 완전 성장을 제한하는 불가피한 장애물들이지만, 디지털 토큰 비즈니스는 성장해 나가는 과정에서 적절한 규제 방법을 찾아낼 것이다.

토큰을 소유하려는 투자자는 반드시 법적 검토 사항을 확인할 필요가 있다. 자신의 국가에서 발행하는 것은 물론이고, 다른 국가에서 합법적인 방법으로 토큰을 획득할 경우에도 획득과 소유, 양도가 합법적인지 반드시 확인해야 한다.

11

토큰증권(STO)의 발행 방법과 고려 사항

"

실적이 좋은 기업을 팔고
성과가 형편없는 종목을 좇는다면
이는 잡초에 물을 주고
꽃을 쳐내는 것과 다름없다.

-

피터 린치

"

토큰증권(STO)의 발행은 디지털 마케팅 방식을 따른다. 말하자면 전통적 자본 시장의 규제를 준수하면서 동시에 ICO와 마찬가지로 브랜드를 홍보하여 토큰의 수요를 창출하는 식이다. 이때 토큰증권은 규제의 대상이라는 점을 명심하여 반드시 증권의 발행 절차를 따라야 한다. 토큰증권은 각 국가별 규제 사항에 맞추어 발행하며 스마트 컨트랙트 항목과 조항 등을 준수해야 한다. 예를 들어 미국 시민을 대상으로 토큰을 발행할 때에는 리브스 테스트나 먼치 테스트처럼 하위 테스트에 따라 토큰증권 발행 심사 단계를 거쳐야 한다. 이때 하위 테스트 기준에 부적합 판정을 받게 되면 유틸리티 토큰으로 분류될 것이다.

앞서 여러 차례 언급했듯이, 토큰증권 발행인은 신뢰할 만한 스마트 컨트랙트를 체결하고, 블록체인 기술 등을 활용한 코딩 방식으로 프로그래밍해야 한다. 투자자에게 제공되는 여러 기능과 필수적 규제사항 등이 기록되게 하여 투자 거래 및 유통에 불편함이 없어야 한다. 이때 KCY/AML 관련 국제 기준 절차를 준수할 필요가 있다. 토큰증권을 발행하여 투자자를 모집하기 위해서는 발행 주체는 마케팅과 홍보 등에 적지 않은 자금을 사용해야 하며, 이때도 발행할 국가의 규제 사항을 확인하고 준수해야 한다. 토큰증권 발행 이후에는 발행인과 기업은 자산 동향을 항상 파악해야 한다. 벤처 프로젝트가 성공하려면 발행자가 토큰 보유자에 대한 고객관계관리(CRM)를 실행하고, 토큰 보유자 수를 모니터링하며, 다른 나라에서 거래할 경우에도 해당 국가의 규제 기준과 충돌이 일어나지 않도록 관리해야 한다.

현재 토큰증권의 투자 구조와 방식은 전통적 형태의 증권 구조와 유사하다. 토큰증권 발행인은 주식, 채권, 이익분배계약, 여러 형태의 소유권 등과 혼용하여 발행할 수 있다. 투자자의 권리는 법적으로 보호를 받으며, 발행인이 부담해야 하는 법적 책임 한도는 공모 관련 문서와 잠재적 투자자들 사이에서 소통한 문서 및 자료에 따라 이루어진다. 그뿐만 아니라 투자자의 안전성 확보를 위하여 위험성이 따르는 경우, 벤처 프로젝트 투자에 관련 사항을 밝혀야 한다. 면책 공고의 제시는 법적으로 요구되는 사항이며, 투자 산업 및 비즈니스 생태계에서 투명하게 이루어져야 한다. 이러한 투명성은 토큰증권 발행자와 투자자 사이에서 발생할 수 있는 법적 다툼 시 책임 유무를 결정하는 판단의 기준이 된다.

토큰증권 발행인은 발행 초기 단계부터 블록체인 프로토콜 방식을 결정한다. 2019년 상반기에 토큰증권 발행에서 가장 인기 있던 블록체인 프로토콜은 이더리움 블록체인이었다. 이는 2017년부터 2018년 사이에 발생한 ICO 열풍과 관련이 있는데, 이때 이더리움이 큰 인기를 누리면서 코딩 언어인 솔리디티를 사용하는 개발자가 크게 늘었기 때문이다. 그 당시 토큰증권가에는 기대감이 높아졌고, 디지털 증권 전문가 타티아나 코프먼은 이런 현상을 두고 "향후 10년 안에 증권의 디지털화는 금융시장의 표준이 될 것이다. 전통적 금융기관들은 블록체인 방식을 수용하든가 아니면 새로운 조류에 편승해 투자은행과 거래소에 그 자리를 내주게 될 것이다"라고 예상했다.

이더리움 외에도 토큰증권을 호스팅할 수 있는 블록체인 개발사는 스텔라Stella와 테조스Tezos 등 다양하다. 각각의 업체마다 보유하고 있는 특화된 기술에는 장단점이 있으며, 발행자는 우선 블록체인 기술 개발 업체를 결정하면 다음 단계로 플랫폼을 선택해야 한다. 플랫폼은 토큰증권 자체를 생성하는 거래소와 동시에 법률적 컴플라이언스에 의한 제약 사항을 코딩하는 것이다. 발행 플랫폼은 한번 결정하면 취소나 변경이 쉽지 않기 때문에 거래소, 지갑, 투자은행 등을 비롯한 디지털 증권 생태계 내에서 여러 서비스 제공자들이 사용하는 프로토콜을 이용하는 것이 좋다. 현재 대략 80여 개의 발행 플랫폼이 존재하며, 향후 더 늘어날 것으로 예상된다.

발행자는 다양한 이해 당사자들의 수요 욕구를 감안하여 토큰증권을 표준화된 방식으로 발행하고, 상호 운영에 있어 장벽이 되는 부분을 줄여야 한다. 앞서 여러 차례 언급했지만, 토큰증권은 기술적 준수 사항이나 표준화 등과 더불어 법률적 규제 대상임을 명심해야 한다. 이를 위해 발행자는 거버넌스와 규제 컴플라이언스 등에 어긋나지 않도록 기본 사항을 충족해야 하며, 스마트 컨트랙트 등을 통해 절차의 간소화 및 자동화에도 신경 써야 한다.

투자 기업의 전략에 대한 의결, 책임의 분배, 이사의 임기, 자금의 사용 등 스마트 컨트랙트에 포함될 사항은 면밀하게 검토해야 한다. 그래야만 더 많은 투자자들이 경영에 참여할 수 있게 되고, 나아가 기업 운영의 투명성이 높아지게 된다. 블록체인 기술을 활용한 토큰증권은 발행인의 재정 운용이나 조직 운영 등과 관련한 경영 데이터가 실시간으로 제공되며, 토큰의 보유자나 투자자들은 이런 정보를 바탕으로 투자 확대 유무를 판단할 수 있다. 또한 스마트 컨트랙트에 기재된 사항은 토큰 발행인에게 증권 시장의 동향과 함께 투자자 집단에 대한 정보를 데이터로 제공하게 된다.

스마트 컨트랙트에 기반을 둔 거버넌스는 투자자의 참여를 지원하며 운영약정서, 매입계약, 투자요강, 주주총회 결의 등을 강제할 수 있다. 예를 들면 스마트 컨트랙트는 주주의 다수결 투표로 추가 배당을 결정할 수 있으며, 분쟁 해결 기능 등을 수행할 수 있다. 특히 주주의 의결로 불합리하게 운영되는 자금 조달을 중단할 수도 있고, 심지어 특정 이사나 임원이 기업의 시스템에 접근하는 것을 방지할 수도 있다. 이러한 제도적 장치는 토큰증권 투자자에게 더 많은 권한을 부여하게 되어 투자 확대로 이어진다.

토큰증권은 아직 초기 단계이며 현재 투자 시장에서 경쟁력을 지니려면 노력과 시간이 더 필요하다. 블록체인과 프로토콜의 파편화가 늘어날수록 토큰 발행은 늦어지며, 이것은 투자 악화를 야기할 수 있다. 또한 토큰증권의 발행 시 생길 수 있는 자동화된 컴플라이언스는 아직 상업적으로 이용 가능한 수준에 도달하지 못했다. 따라서 토큰증권이 시장에 자리를 잡으려면 전통적 방식의 증권 발행처럼 시간과 비용 부담이 여전히 발생하게 된다. 그러나 토큰증권이 미래 증권시장의 중심축으로 작동하게 될 것은 분명하며, 효율성을 바탕으로 한 다양한 성공 사례가 도

출될 것으로 예상된다.

이미 알다시피 토큰증권 산업의 역사는 아주 짧고, 이제 겨우 걸음마 단계를 지났다. 대부분의 성장 산업처럼 토큰증권 또한 여러 가지 실험을 통해 안정적인 투자 시스템을 마련할 것이다. 발행 플랫폼은 대부분 아직 기반이 허약하고, 자신의 투자 비즈니스를 보호할 안전장치가 미흡하다. 기술 중심의 스타트업 다수가 증권 발행의 목적, 즉 자본조달의 필요성에 아직 크게 공감하지 못하는 부분 또한 성장에 제약이 된다. 이런 이유 때문에 기술에만 집중하고 투자자와 지속적으로 관계를 쌓지 못한 실패 사례도 등장한다.

블록체인을 기반으로 한 플랫폼 스타트업은 몇 가지 흥미로운 사실을 보여주고 있다. 첫째, 토큰증권이 완전한 성숙 단계에 들어서려면 효율성과 효과, 컴플라이언스에서 기존의 증권 발행을 대체할 수 있어야 한다는 것. 둘째, 발행 플랫폼이 자금 조달을 성공적으로 실행할 수 없다면 플랫폼의 유용성은 현저하게 떨어진다는 것. 셋째, 발행 플랫폼의 효율성이 높더라도 규칙성이 담보되어야 한다는 것 등이다. 여기서 투자자들이 반드시 알고 있어야 할 핵심은 컴플라이언스 플랫폼과 발행 플랫폼에 관한 사항이다. 이 두 가지 핵심 사항을 살펴보면 다음과 같다.

(1) 컴플라이언스 플랫폼

블록체인 기술을 바탕으로 토큰증권을 발행하려면 컴플라이언스 플랫폼이 반드시 필요하다. 컴플라이언스 플랫폼에서는 고객신

원학인(KYC), 자금세탁방지(AML), 개인식별정보(PII), 테러자금조달방지(CFT), 규제 규정^{Rules}, 정책^{Policies} 등과 관련한 정보를 플랫폼 상에서 제공해야만 한다. 특히 지난 2001년부터 금융정보분석원(FIU)은 특정 금융정보법에 따라 AML과 CFT 등 관련 업무를 진행하고 있으며, 국제자금세탁방지기구(FATF)의 권고로 가상자산도 자금 세탁 모니터링 대상에 포함하였다.

(2) 발행 플랫폼

발행 플랫폼은 토큰증권 생태계를 활성화하는 데 중요한 역할을 수행한다. 발행 플랫폼을 만들기 위해서는 시스템 운영과 함께 토큰증권 발행에 필요한 여러 항목이 필요하다. 우선 블록체인을 기반으로 한 시스템 운영은 퍼블릭 블록체인, 프라이빗 블록체인, 컨소시엄 블록체인으로 나눌 수 있다. 토큰증권은 블록체인을 이용하지만 금융은 중앙 통제가 필요하기 때문에 프라이빗 블록체인이나 컨소시엄 블록체인을 선택해야 한다. 그렇게 해야 하는 이유는 네트워크의 확장성이 쉽고, 정보나 데이터를 이용하는 사람이 누구인지를 쉽게 확인할 수 있어 블록체인 관리자가 플랫폼의 운영 주체로서 관련 사항을 검증할 필요가 있기 때문이다.

토큰증권 발행자는 프라이빗 블록체인이나 컨소시엄 블록체인 중에서 하나를 선택한 뒤 이더리움이나 솔라나, 폴카닷, 폴리곤 등 수백 개에 이르는 프로토콜 가운데 어떤 것을 사용할지 선택하면 된다. 그 후 개발사에 의뢰하여 컴플라이언스와 자본시장법에 맞

춰 발행 플랫폼을 개발한 후 스마트 컨트랙트에 들어갈 항목들을 프로젝트 성격에 맞게 구성해야 한다. 모든 프로젝트의 성패는 이러한 것을 어떤 방식으로 선택하고 구성할 것인가에 관한 기획에 달렸다고 볼 수 있다. 특히 모든 과정이 온라인상에서 이루어지기 때문에 기획 단계부터 필요한 항목들을 꼼꼼하게 체크하는 게 필수적이다.

예를 들면, 토큰증권의 이름이나 발행 수량, 향후 추가 발행 여부, 지갑과 자산의 통합, 배당금(보상금) 지불, 주주의 거버넌스 투표 기능 등 프로젝트 진행자와 토큰증권 소유자, 즉 투자자와 소통을 위한 메시지 전송 시 스팸 메시지를 처리하는 방법 등 체크해야 할 항목이 많다. 이런 사항들은 기획 단계부터 반드시 확인하고 넘어가야 오류를 줄일 수 있다. 그런 다음 토큰증권을 상장하는 데 필요한 항목이나 조항 등에 대해 철저히 준비해야 한다. 현재 우리나라에는 부동산, 미술작품, 도자기 등을 이용한 수익 증권과 투자계약증권 두 가지 종류의 토큰증권이 있다. 그러나 앞으로는 토큰증권의 범위를 주식과 채권까지 확장해 나가야 한다. 아직 시기상조라는 말도 있지만 글로벌 시장 분석 결과, 주식과 채권을 토큰증권으로 전환하는 것은 아주 가까운 미래, 즉 2~4년 내에 이루어질 것으로 예상한다.

기업과 마찬가지로 훌륭한 투자자는 몇 가지 핵심 사항에 스스로 질문하고 해답을 찾아 나서야 한다. 우선 투자 대상인 기업에서 사업성과지표(KPI)로 삼은 것은 무엇인가? 프로젝트가 도달하려는 목표는 무엇인가? 다른 기업들과 성과를 비교하여 투자 기업의 내부수익률(IRR)의 기댓값은 어떠한가 등이다. 토큰증권에서는 전체 시장규모(TAM)와 유효시장규모(SAM)를 비롯하여 시장 점유율에 대한 예측 데이터가 투명하게 드러나야 한다. 이것들은 보통 기관투자자와 전문 투자자들이 기존의 벤처기업에 자금을 투자하기 전에 반드시 고려하는 요소들이기 때문이다. 토큰증권(STO)도 크게 다르지 않다.

투자 신탁이나 법인 사업자는 토큰증권을 발행할 때 자신이 운영하는 사업의 규모와 내부 요소를 충분하게 고려해야 한다. 자금조달이 원활하게 이루어질 수 있도록 법률적 비용과 초기 비용을 정확하게 산출해야 하며, 투자자 관련 리스크 또한 확인해야 한다. 이렇게 다양한 측면에서 리스크가 발생할 요인들을 확인한 후 출자 관련 약정을 맺음으로써 투자 계획을 완성해야 한다.

특히 토큰증권 발행을 위한 사업계획에는 운영에 필요한 자금, 발행 회사의 업무와 이정표, 관련 자원을 비롯하여 기업을 유지하는 데 필요한 자금 등이 반영되어야 한다. ICO와 마찬가지로 토큰증권(STO) 또한 자금조달 전략에 따라 미디어와 마케팅, 홍보 등에 사용할 비용을 종류별로 분류하고 회계 처리해야 한다. 이러한 내부 요소들은 다른 스타트업과 마찬가지로 토큰증권 발행사가 잠재적 투자자들을 확보하는 데 반드시 고려해야 할 사항들이다. 특히 토큰증권 발행인은 사업 모델을 고려할 때 전통적 증권의 발행처럼 프리 세일, 사모발행, 공모발행 등과 같은 이정표를 포함시켜야 한다. 토큰증권 프로젝트를 통해 투자 자금을 조달할 때 발행할 토큰의 총량과 개별 토큰의 가격은 각 단계마다 투명하게 공개해야 한다.

주식이나 비상장주식을 토큰증권으로 발행하는 경우는 전통적 주식 발행 방법과 비슷하다. 다만 토큰증권 발행 시 기간이 짧고 비용이 적게 든다는 장점이 있다. 발행에 필요한 요건을 간략하게 살펴보면 다음과 같다. 정관정비, 주식 인수 의뢰 인수가액, 명의 개서 대행 기간, 주식등록, 상장 예비 심사 신청, 증권신고서, 수요 예측, 청약 등을 마련하여 해당 기관에 제출하면 된다. 채권은 국채 발행과 회사채 발행으로 나눌 수 있다. 국채 발행은 국가에서 발행하는 채권으로 정부에서 발행하기 때문에 규모가 큰데, 국고채권, 재정증권, 국민주택 채권, 보상 채권 등 4가지가 있으며 종류에 따라 발행 방식이나 이자 지급 방식이 서로 다르다. 회사채 발행은 기업이 상법에 따라 자금을 조달해 발행하는 채무증권이다.

일반 채권 발행 절차를 보면 제안 요청서, 대표 주관 계약체결, 신용등급 평가, 기업실사, 이사회, 증권신고서, 수요예측, 채권상장 신청, 증권신고서 효력발생, 채권등록, 청약 및 납입, 증권발행실적 보고, 채권 상장 순으로 진행된다.

12

토큰증권(STO)의 미국 사례

> 주식시장은 우리가 살아가는 일상과
> 완전히 다른 세계다.
> 그곳에서는 모든 상황이 뒤집힌다.
> 나쁜 상황이 아주 좋은 것이 되기도 한다.
>
> -
>
> 래리 윌리엄스

웨이브 파이낸셜의 회장 벤자민 차이는 토큰증권이 금융산업 전반에 미칠 영향을 이렇게 예측한다. "토큰증권을 둘러싼 생태계와 인프라는 금융산업 전반에 걸쳐 혁신의 변곡점이 될 것이다. 블록체인 기술을 바탕으로 한 토큰증권이 제대로 시장에 자리 잡기만 한다면 상당한 변화를 가져올 것이다. 투자 시장을 관리 유지하기 위한 비용 절감은 물론이고, 특정인들이 누렸던 다양한 투자의 기회가 대중들에게 열릴 것이기 때문이다."

전통적 방식으로 거래되고 있는 금융시장이든, 변화의 중심이 될 토큰증권 생태계든 투자자들이 명심할 것이 있다. 그건 바로 "단 한 번의 결정으로 대박을 치겠다"라는 생각은 위험하다는 것이다. 대부분의 투자자가 대박을 노리고 투자 시장의 문을 두드릴 뿐 장기적 관점이나 접근법을 견지하려고 노력하지 않는다. 투자 전문가 래리 윌리엄스는 "투자는 꾸준함을 목표로 삼아야 한다"라고 말하며 두 가지 핵심사항을 기억하라고 조언한다. 첫째, 시장 수익을 넘어서는 종목을 찾아내는 것. 둘째, 해당 종목이 상승할 확률이 가장 높은 타이밍을 파악하는 것이다. 결국 투자가 성공하려면 '무엇과 언제'라는 키워드가 핵심이다.

토큰증권의 경우도 예외가 없다. 이제 막 새로운 시스템을 구축한 토큰증권은 아직 그 누구도 예측하기 힘든 변동성을 지녔다. 그렇기 때문에 투자자들은 토큰증권과 관련한 다양한 사례를 학습해야 한다. 우리나라는 지난 2023년 2월 6일 금융위원회에서 '토큰증권(Security Token) 발행 · 유통 규율체계 정비방안'을 발표했다. 미국이나 유럽, 일본 등에 비해 뒤늦게 토큰증권 시장에 첫걸음을 뗀 상황이기 때문에 미국을 중심으로 한 토큰증권 생태계를 살펴볼 필요가 있다.

토큰증권(STO) 시장에서 미국의 사례가 자주 등장하는 이유는 국제 금융시장에서 차지하고 있는 시장점유율 때문이다. 국제 주식채권 시장에서 미국의 거래량은 대략 40퍼센트에 달한다. 금액으로 환산하면 국제 주식시장 거래 규모인 전체 70조 달러의 39퍼센트가 미국에서 이루어진다. 따라서 미국 SEC가 국제 증권시장에 미치는 영향이 클 수밖에 없는 이유를 쉽게 가늠할 수 있다. 토큰증권과 관련한 SEC의 규제 방안이나 운영 시스템 등을 살펴보는 것 또한 마찬가지 이유에서다.

미국 SEC는 토큰증권 발행을 기존의 증권발행과 같은 관점에서 보기 때문에 전문가들은 그 영향을 받을 수밖에 없다고 말한다. 더욱이 세계 여러 나라의 규제 기관들 또한 토큰발행에 있어서 SEC의 기준을 따르고 있으므로 국제 증권시장에서 가장 큰 점유율을 차지하는 미국이 토큰증권(STO)과 관련한 국제 규제 방식을 좌우할 가능성이 크다고 볼 수 있다. 토큰을 발행하려면 SEC에 증권 발행을 등록하거나 등록 면제 조항에 해당하는 등록 면제를 받아야만 한다. 이 둘 중 하나를 거쳐야 종이 증권이든 디지털 증권이든 발행인이 투자금을 모을 수 있는 기회를 얻을 수 있다.

SEC 규정에 따라 대중이 매도할 수 있는 유가증권을 발행하려면 일련의 과정을 거쳐야 한다. 이것을 IPO라고 부르는데, 여기에는 적지 않은 비용이 발생한다. 증권을 발행하기 위해서는 공시 관련 서류를 제출하고, 발행 증권을 인수하고, 증권 청약의 권유와 함께 판매 대행을 맡는 금융 기업들과 협업해야 한다. 이때 상당히 많은 비용 발생과 함께 시간이 소요된다. 주식을 상장하려는 기업과 성장 중인 스타트업이 IPO를 통해 대중에게 주식을 공개하고 투자금을 모으는 전통적인 금융시장의 방식이라 할 수 있다.

실제 최근 IPO에서는 테크 분야 관련 투자가 활발히 이루어지고 있고, 페이스북이나 우버 등의 사례에서처럼 불특정 다수를 상대로 주식을 상장함으로써 수억 달러의 자금을 조달 받기도 했다. 일반 대중을 상대로 주식을 공모발행하려면 증권거래소를 통해 상장하는 방법 이외에도 사모를 통해 증권을 판매할 수도 있다. 사모발행은 발행인이 특정 필수 요건에 대해 면제를 받음으로써 자금을 좀 더 효율적으로 조달 받는 방식이다.

사모발행은 초기 스타트업 산업에서 흔히 사용되는 방식이다. 스타트업 초기에는 단순히 파워포인트 상의 아이디어만 있기 때문에 비용이 적게 드는 증권등록 면제 규정 절차를 활용한다. 이렇게 사모발행을 함으로써 스타트업에 필요한 자금을 확보하는 것이다. 전통적으로 사모발행은 보통 엔젤 그룹이나 벤처캐피털 회사 등 공인투자자를 대상으로 이루어진다. 마찬가지로 토큰증권 발행인 또한 다양한 투자자 풀에 접근할 수 있어야 자금을 모을 수 있다. 토큰증권 발행인은 면제 규정의 내용에 따라 공인투자자나 금융에 대해 충분한 지식을 갖추고 있는 투자자에게 증권을 판매할 수 있다. 특정한 경우에만 발행인이 일반인에게 청약 권유가 가능하며, 발행인은 대중을 상대로 여러 매체에 광고를 할 수 있다.

토큰증권을 발행할 때 마케팅과 홍보에 대한 규제가 적을수록 발행인은 경쟁력을 갖게 된다. 브랜드 인지도가 높아지면 초기 자금 조달이 수월하기 때문이다. 토큰증권의 핵심은 발행인이 거액의 자금을 조달할 수 있다는 점이다. 특히 SEC의 특정 면제 규정에 해당된다면 발행인의 자금 조달 총액에는 한계가 없으며, 발행인뿐만 아니라 투자자에게도 상당한 이익을 줄 수 있다.

SEC의 면제 규정은 스타트업이 처음 토큰을 발행할 때 선택할 수 있는 최선의 방법이다. 이 규정에 따라 기업가는 대중으로부터 사업에 필요한 자금을 조달 받을 수 있다. 미국에서는 스타트업에 의한 증권 발행을 더욱 쉽게 할 목적으로 오바마 행정부 시절 잡스 JOBS법을 도입했다. 결국 잡스법의 규정에 따라 토큰을 발행하여 증권에 대한 디지털 표지로 삼을 수 있다.

미국과 유럽연합은 토큰증권 발행에 있어 여전히 중요한 시장이다. 미국은 글로벌 시장에서 토큰증권 발행이 대부분 이루어지는 국가이며, 미국 SEC는 가상화폐 등을 규율하는 법을 선도적으로 만들었기 때문에 다른 나라의 기준이 된다. 미국과 유럽연합의 규제 방안은 여러 면에서 비슷하지만, 토큰의 양도 가능성 문제에 관해서는 크게 다르다. 유럽연합은 미국과 달리 양도 불가능한 토큰은 증권으로 분류하지 않고 있다.

몰타와 지브롤터, 버뮤다, 모리셔스 등의 국가들도 가상화폐에 우호적인 태도를 갖고 규제와 입법에 나섰다. 이런 국가들은 역외 투자를 위해 국제금융의 허브라는 명성에 힘입어 가상화폐 관련 벤처 기업들의 피난처 구실을 하고 있다. 최근 이들 국가에서는 투자와 블록체인 관련 회사를 더 확보하기 위해 법 개정을 하고 있다. 예를 들면, 버뮤다는 최근 은행법을 개정하여 블록체인 관련 규제를 더욱 완화함으로써 토큰증권과 블록체인 산업 육성을 위한 제도적 장비를 갖추었다.

현재 블록체인 기술과 토큰증권이 금융시장에 몰고 온 변화의 바람은 좀처럼 가라앉을 조짐이 없다. 각국 정부의 규제기관은 블록체인의 기술적 발전에 맞추어 관련 제도와 규정에 변화를 주고 있다. 토큰증권이나 블록체인 기술은 거래 비용의 절감, 신속한 결제, 연중무휴로 운영된다는 장점을 무기로 국제 시장의 벽을 넘고 그 영역을 더욱 확대할 것으로 기대된다.

13

토큰증권(STO)의 국내 제도화

> "
>
> 투자자가 된다는 것은 아주 멋진 일이다.
> 날마다 새로운 도전을 하는
> 지적 활동이기 때문이다.
>
> —
>
> 앙드레 코스톨라니 Andre Kostolany
>
> "

우리나라 금융위원회(FSC)는 지난 2023년 2월 6일 보도자료를 통해 '토큰증권(Security Token) 발행·유통 규율체계 정비방안'을 발표하면서 "자본시장법 규율 내에서 STO를 허용하겠다"라고 브리핑했다. 금융위원회 홈페이지 주요 소식란에 올라 있는 토큰증권 정비 방안을 조회한 사람들의 수는 1만 6,984명(2023. 8. 31. 현재)이다. FSC 발표에 관심을 갖고 있다면, 일단 선도적 시각을 지닌 사람들이라 생각한다. 미국이나 유럽, 일본 등에 비해 다소 늦은 감이 있지만 FSC의 발표는 우리나라 토큰증권 산업의 발아점이라 할 수 있다. 증권시장에서는 'FSC의 토큰증권 가이드라인'을 통해 법률상 토큰 자산을 발행하고 유통할 수 있는 근거가 마련되었다고 평가한다.

우리나라에서 제도화되는 토큰증권 관련법은 새로 만들어지는 입법이 아니라, 기존에 있던 전자증권법이나 자본시장법 등의 개정을 통해 추진될 것으로 보인다. 토큰증권 관련법의 핵심 사안은 분산원장 기술을 이용한 발행, 조각투자 형태로 증권화, 토큰증권 유통을 담당할 금융기관 설립 등이 될 것이다.

우리나라를 포함해서 세계 여러 나라에서 이미 주식 및 채권 등은 전자증권 형태로 발행하고 있다. 그러나 토큰증권을 전자증권과 구분하는 요인은 앞서 여러 차례 설명했듯이 블록체인 기술을 바탕으로 증권을 디지털화하고, 이 과정에서 분산원장 기술을 사용하기 때문이다. 그렇기 때문에 토큰증권의 발행 근거를 법률적으로 명시하지 않으면 효력을 지닐 수 없다.

FSC가 발표한 '토큰증권(Security Token) 발행·유통 규율체계 정비방안'에 따라 기존에 있던 전자증권법을 개정하고, 토큰증권 발행을 통해 다양한 방식으로 자산과 권리를 가진 투자 증권을 만들 수 있게 되었다. 이제 토큰증권 발행은 금융기관뿐만 아니라 투자 시장에 참여하는 모든 사람에게 새로운 기회를 제공하게 된 것이다. FSC 발표 이전에도 전자증권 방식은 존재했다. 그러면 실제 우리나라에서 발행한 수익증권과 투자계약증권에 관한 사례를 살펴보자.

우선 부동산 관련 핀테크 기업에서는 카사코리아와 루센트블록을 대표적인 사례로 들 수 있다. 또한 미술품을 거래하는 기업으론 아트블록 코리아, 아트앤가이드, 투게더 아트가 있으며, 지적저작권을 활용한 뮤직카우 등도 있다. 부동산뿐만 아니라 미술품을 활용한 경우 수익 구조에 두 가지 방법이 있는데, 하나는 미술품 시장이고 다른 하나는 자본시장법을 따르는 것이다. 수익 구조는 회사마다 조금씩 다르며, 2023년 2월 이전에는 NFT 사업을 중심으로 진행하다가 FSC의 가이드라인 발표 이후 투자계약증권 방향으로 진행되고 있다.

(1) 카사코리아

카사코리아는 국내 1호 부동산 조각 투자 플랫폼으로서 많은 우여곡절을 겪고 성공한 기업이다. 지난 2019년부터 조건부 지정을 거쳐 같은 해 12월 정부기관에서 혁신 금융서비스로 지정했다. 블록체인 기술을 기반으로 한 분산원장 기술을 이용하여 수익증권을 발행하고 플랫폼 상에서 거래할 수 있게 한 우리나라 최초의 기업이라고 할 수 있다.

카사코리아는 빌딩 등과 같은 부동산을 매입하여 신탁사에 소유권을 이전하고, 부동산 관련 수익증권을 발행했다. 그 후 블록체인 기반의 분산원장 기술을 사용하여 일반 투자자들에게 공모한 후 유통을 시작했다. 이때 개인의 연간 투자 한도와 발행 규모를 제한하였고, 공모가는 1주당 5,000원이었다. 특기할 만한 사항은 투자자들 가운데 50퍼센트 이상이 MZ세대들이었다는 점이다.

카사코리아의 수익 구조는 임대 수익과 부동산 시세 차익에 있었지만, 중요한 것은 플랫폼 내에서 토큰의 거래가 가능했기 때문에 거래 수수료와 증권의 시세 차익도 노릴 수 있었다. 하지만 고객들이 거래하기 위해서는 계좌 관리기관이 반드시 필요하다. 이를 찾지 못해 적지 않은 어려움을 겪었다. 결국 카사코리아는 지난 2023년 3월 금융사로 인수되었다.

(2) 루센트블록

루센트블록은 부동산 조각투자 플랫폼 '소유'를 운영하고 있는 스타트업이다. 비수도권 기업 가운데 유일하게 혁신 기업으로 지정된 대전의 핀테크 기업으로, 정부 출연 기관인 한국통신연구원(ETRI)의 기술 창업 프로그램 지원금을 받았다. 루센트블록은 소유한 부동산을 신탁회사에 넘겨 전자증권법에 따라 수익증권을 발행했다.

그 후 블록체인 기반의 분산원장 기술을 이용하여 투자자들에게 유통 서비스를 제공하고, 자체적으로 회사에 별도 시장을 개설하여 매도 및 매수자 간 토큰증권 계약 체결을 가능케 했다. 그런 다음 계좌관리기관인 하나금융투자를 통해 결제를 하는 방식으로 시스템을 운영했다. 루센트블록은 플랫폼에서 토큰을 거래할 때 계좌관리기관의 고객 계좌부에 계좌 대체를 함으로써 법적 효력을 얻는다. 그렇게 발생한 기대 수익률을 배당금과 건물 매각 차익을 통해 수익화하였다.

(3) 아트블록 코리아

아트블록 코리아의 사업은 미술품을 개인들에게 공동 구매 형식으로 판매하고 플랫폼 상에서 유통하도록 진행하고 있다. 지난 2023년 3월 31일 마켓 서비스를 종료함에 따라 소유권을 거래할 때는 온라인으로 양도를 통지하는 서비스를 하고 있다. 관련 비즈니스 방식을 순서대로 정리하면 공동구매 → 소유권 증명 → 재판매시 수익 발생 등이며 수익 창출은 미술품 전시와 임대 수익을 통한 매각의 차익으로 이루어진다. 주로 외국 작가의 작품들이며, 온라인 경매와 관련한 대행 서비스를 제공해왔다.

(4) 아트앤가이드

국내 업계 최초로 미술품 분할 소유권, 즉 조각투자 플랫폼을 활용한 기업이다. 블록체인 기술을 바탕으로 공동 소유권을 인정하였고, 투자계약증권으로 분류할 수 있다. 아트앤가이드의 사업 구조는 웹 기반 플랫폼이며, 타사와의 차이점은 예치금이나 거래소를 운영하지 않기 때문에 거래 시 수수료가 없다. 투자자가 미술품을 공동 구매할 때 일부 자기자본을 투자하여 일정 수익률에 도달하면 자동으로 매각을 진행하는 특징이 있다. 운용수익은 예술 작품의 가격에 따라 다르며 월 수익은 대여 1퍼센트, 전시 0.5퍼센트 등이다. 매각 시 평균 수익률은 약 30퍼센트 선이며, 매각 기간은 공동구매 후 313일 정도다.

(5) 투게더 아트

우리나라 최초로 투자계약증권 증권신고서를 금융위에 제출한 기업이다. 예술품과 관련하여 다양한 서비스를 제공하고 있으며, 타사와의 차별점이라면 미술품 이외에 고가의 명품 가방이나 시계 등도 취급하고 있다는 것이다. 상품의 위탁자와 고객들에게 플랫폼 사용권을 받지 않으며, 매각은 투표를 통해 진행했다. 투표 참여자의 50퍼센트 이상 동의를 얻어야 매각했지만, 지난 2022년 11월 30일 조각 거래와 공동 구매를 중단했다. 또한 투게더 아트는 업계 최초로 증권신고서를 제출했으나, 지난 2023년 8월 31일 투자계약증권 증권신고서에 대한 철회 신고서를 금융위원회에 제출했다.

(6) 뮤직카우

뮤직카우의 사업 구조는 저작재산권법과 자본시장법을 활용한 수익증권 발행에 있다. 사업 초기에는 투자계약증권으로 시작했으나 뮤직카우는 저작권을 신탁하고, 전자등록기관에 수익증권을 발행하고 있다. 또한 계좌관리기관을 통해 고객 자산을 보호하며, 뮤직카우 에셋을 두고 있다는 것이 타사와 차별되는 점이다.

모든 분야가 그렇겠지만 투자자들은 수익률과 유동성을 가장 중요하게 생각한다. 투자 수익에 상당한 영향을 주기 때문이다. 앞서 살펴본 대로, 부동산은 임대수익과 매각 후 이익분을 배당받고, 미술품 등은 작품 대여와 전시 및 매각 후 발생한 이익을 분배하고 배당한다. 이때 유동성은 거래 시장에서 토큰증권의 가치를 결정하는 주요 요인이다. 물론 사례로 살펴본 기업들은 일부를 제외하곤 개선점이나 부족한 부분이 있다.

무엇보다도 토큰증권 발행인은 투자자의 수익을 극대화하기 위해 노력과 연구가 필요하다. 주식과 달리 토큰증권은 소수라도 상장이 되면 배당뿐만 아니라 거래 시장에 미치는 영향에 따른 가격 변동으로도 수익을 얻을 수 있다. 이런 경우 발행인이 유동성 공급을 얼마나 제공할 수 있는가에 따라 달라진다. 토큰시장(STO)의 성장에는 발행인의 역할과 책임이 큰 몫을 차지한다. 투자자의 자산을 보호하면서 동시에 수익을 내는 데는 법적 규제 등 다양한 요인이 작용하지만 발행인의 역할이 무엇보다 중요하다.

외국의 경우는 물론이고 우리나라 역시 토큰증권의 확장성은 무한하다. 현재 우리나라의 토큰증권(STO) 시장은 조각 투자에 머물고 있지만 자산의 토큰화와 함께 비상장 주식 등의 발행 방법을 고려한다면 가치가 높다고 할 수 있다. 유럽의 MICA와 미국의 변화를 예측하더라도 토큰증권이 세계 금융시장에 미치게 될 변화는 상상 그 이상일 것이다.

14

토큰증권(STO)의 전망과 기대

> "
>
> 가격은 당신이 지불하는 것이고
> 가치는 당신이 얻는 것이다
>
> –
>
> 워런 버핏
>
> "

2021년 중반기만 하더라도 연방준비제도(FED)의 제롬 파월 의장은 물가상승을 일시적 현상으로 보았고, 결국 그는 시장 유동성 회수 타이밍을 놓치고 말았다. 오판의 결과는 심각했다. 미국의 소비자물가지수가 상승하면서 월스트리트 증권가는 요동치기 시작했다. 엎친 데 덮친 격으로 2022년 2월 러시아가 우크라이나를 침공하는 사태가 발생했다. 천연가스 등 원자재를 무기 삼아 러시아가 세계 여러 나라를 압박하면서 세계 물가는 더 크게 치솟기 시작했다. 그 후 인플레이션이 급격하게 발생하면서 여러 나라에서 수많은 투자자가 자산을 손실했다는 사례가 연일 뉴스를 뒤덮었다.

2023년에도 세계 경제가 고물가와 저금리 등 불확실성과 맞서는 상황이다 보니 투자자들의 한숨은 그칠 기미가 없다. 경기 침체의 늪으로부터 벗어날 수 있는 시기를 그 누구도 쉽게 예상하지 못하고 있는 것이다. 성장과 불황을 동전의 양면에 비유하기는 쉽지 않다. 여러 가지 변수 때문에도 그렇지만, 성장이나 불황의 근원을 파헤치는 일이 쉽지 않기 때문이다.

그러나 이런 상황에서도 여전히 많은 투자자가 '위기 너머의 기회'를 찾아내곤 한다. 미래 사회는 정보의 접근성이 지금보다 훨씬 더 높아질 것이다. 인류가 만들어놓은 수백만 가지의 데이터를 인공지능은 쉽게 분류하고 예측과 판단의 근거 자료로 제시할 것이다. 이제 우리는 데이터의 압축본 가운데 무엇을 어떻게 선택할지를 결정해야 한다.

미래 투자의 중심이 될 토큰증권은 변화와 혁신의 중심이 될 것이다. 그 이유는 앞서 여러 차례 언급하기도 했지만 실제 이 책을 쓰는 동안 그런 생각에 더욱 확신을 갖게 되었다. 특히 지난 2019년에는 미국을 시작으로 토큰증권이 금융 혁신의 원년이 되리라는 기대가 팽배했다. 그런데 미국은 공화당이 정권을 잡으면서 가상화폐에 대해 부정적인 입장을 취했다. 그러다가 지난 2022년 바이든 정부가 들어서면서 가상화폐에 대한 관심과 연구가 다시 이루어졌다. 그 결과, 블록체인이나 가상화폐가 지닌 리스크 요인을 분석하고 대응책이 마련되었다.

미국 정부의 인식 변화를 시작으로 유럽과 일본 등 세계 여러 나라 또한 가상화폐와 토큰증권에 관심을 기울였다. 블록체인 기술을 바탕으로 한 미래형 투자 시스템에 대한 인식의 변화가 국제 사회에서 적극적으로 일어나기 시작한 것이다. 보수적 성향을 띠는 뉴욕증권거래소가 블록체인 관련 산업의 주식을 많이 상장했고, 나스닥의 경우에도 IT 분야 기업들의 주식이 상장되기 시작했다.

실제 사례를 살펴보면, 지난 2019년 9월 23일 가상화폐 플랫폼인 백트^{Bakkt} 거래소가 론칭했다. 백트 거래소의 CEO는 뉴욕증권거래소의 CEO와 매우 깊은 관계가 있으며, 아마 이 거래소가 토큰증권으로 가기 위한 베이스라고 예상하고 있는 것으로 보인다. 나스닥은 티제로 토큰증권 거래소를 설립한 인물이 블록체인 분야에서도 20개 정도 프로젝트를 진행하고 있으며, 그중 한 군데 블록체인 회사와 거래소 개설 준비를 하고 있는 상황이다. 세계 자본 시장에서 중요한 역할을 담당하는 미국이 토큰증권에 관심을 갖는다는 것은 머지않은 시점에 토큰증권이 전통적 시장을 대체하리라는 예상을 가능케 한다. 토큰증권이 미래 투자 시장의 중심축이 되기 위해서는 권한과 신뢰, 보장성 등이 검증되고 확보되어야 한다.

(1) 토큰증권의 권한성

토큰증권이 투자자들에게 부여하는 권한은 몇 가지로 나눌 수 있다. 컴플라이언스, 거버넌스, DAO 등을 통해 토큰증권을 발행하고 투자계약 등과 관련한 규제사항을 이행함으로써 투자자는 여러 가지 이점을 얻게 된다. 이것은 과거 ICO가 지닌 단점을 보완하고 토큰증권이 개인과 기관 및 VC 자산운용사들에게 더 큰 신뢰를 줄 수 있기 때문에 적극적인 투자 유치가 가능해진다.

(2) 토큰증권의 신뢰성

2020년 초반까지 ICO는 가상화폐 시장을 주도했다. 당시 ICO를 중심으로 한 가상화폐 시장은 법적 제도나 규제 등이 명확하지 않았기 때문에 폰지와 스캠 등이 난무했다. 수익과 손실, 사기 등 수많은 투자자는 경제적 손실은 물론이고 정신적 충격에 빠지는 경우가 잦았다. 가상자산 시장에 대해 긍정적 가능성을 가지고 있던 나로서는 관련 상품을 연구도 하면서 누구보다 응원하는 편이었다. 투자 시장 관련 전문가들과 끊임없이 토론과 논쟁을 벌였고, ICO 이후 등장한 토큰증권이 그 대안이라고 확신했다.

토큰증권은 우선 실물이 존재한다는 전제로 금융 비즈니스 영역을 확장하고, 전통적 금융시장에 변화를 가져올 것이다. 토큰증권 시스템이 시장에 도입되면 금융의 운용 분야가 간소화되며, 거래소의 정산과 결제 시스템 또한 신속하게 처리될 것이다. 분장원장 기술을 통한 이러한 변화는 투자자들에게 확신을 가져다줄 것이며, 신뢰를 쌓아가면서 건전한 생태계가 만들어지고 결국 유동성 공급이 확장되면서 토큰증권 시장은 중심축이 될 것이다.

(3) 토큰증권의 보장성

토큰증권은 법적 규제에 따라 발행되고 투자자들에게 보장과 금융자산의 커스터디 서비스가 제공되어야 한다. 갑작스러운 경우에 프로젝트가 중단되거나 파산 등으로 인해 손실이 발생할 경우 투자자들을 보호하는 시스템이 갖추어진다면, 토큰증권의 신뢰도는 더욱 높아질 것이며 결국 보장성은 투자자들의 유입률을 높이게 된다. 미국은 프로젝트가 중단되거나, 규제 이행이 올바르게 실행되지 않을 때 발행 주체가 투자자들에게 약 70퍼센트 범위 내에서 환급하도록 규정하고 있다. 투자자들을 보호하기 위한 법적 제도적 장치는 금융시장 확장에 큰 영향을 미친다.

블록체인 기술을 바탕으로 한 토큰증권은 탈중앙화, 즉 분산원장 기술을 활용하여 금융산업 전반에 걸쳐 장점이 된다. 첫째, 플랫폼을 이용하기 때문에 토큰증권 홀더 간 결제가 신속하게 처리되어 관리 비용이 저렴해진다. 둘째, 운영과 관리가 편리해진다. 예를 들면 이익 분배나 배당금 지급 등이 시스템 상에서 이루어지기 때문에 비용 절감은 물론이고 관리가 스마트해진다. 셋째, 은행 간 결제도 시스템화되기 때문에 편리하다. 넷째, 증권은 한정된 시간 내에서 개별 국가의 국내시장에서만 거래가 가능하다. 그러나 토큰증권은 연중무휴로 시간과 공간을 넘어 글로벌 시장에서 거래가 가능해진다. 다만 우리나라의 경우 토큰증권에 관한 법적 규제와 제도 등이 어떻게 만들어지느냐에 따라 변수가 있다. 다섯째, 컴플라이언스를 이용하기 때문에 투자자와 발행 주체 등을 편리하게 확인할 수 있다. 이러한 투명성은 토큰증권 확장의 필수 요소다. 여섯째, 국제금융을 통한 자금 조달 수단으로 이용 가능하다. 우리나라에서도 기업 금융, 항공기, 프로젝트 금융, M&A 인수 금융 등이 이루어지며, 이때 블록체인 기술이 유용하게 사용될 수 있다.

우리나라 금융위원회(FSC)의 '토큰증권 가이드라인'이 발표되면서 금융 생태계는 토큰증권(STO)에 대한 관심이 급증하고 있다. 미국이나 유럽 등과 비교하면 다소 늦게 제도권에 편입되었지만, IT 강국으로서 토큰증권의 미래는 밝다. 전통적인 증권시장에서는 일정 규모 이상의 자금력을 지녀야만 투자 시장에 참여가 가능했다면, 토큰증권(STO)은 개인투자자들에게 기회의 장을 열어주기 때문이다. 투기가 아닌 미래 투자의 시장이 열린 것이다. 투자와 투기에 관해서는 앞서 간단히 설명한 바 있다. 투자 현장에서 오랜 시간 경험한 입장에서 보면 사실 이 두 가지를 따로 분리하여 명확하게 정의하기란 쉬운 일이 아니다. 마지막으로 버크셔 해서웨이

2000년 연차보고서에 실린 '투자와 투기를 구분하는 시선'에 관한 좋은 글이 있어 옮겨 놓는다.

> 투자와 투기를 구분하는 경계선이 선명하고 분명했던 적은 단 한 번도 없습니다. 그리고 최근에 다수의 시장 참가자들이 승리의 기쁨을 누리면서 그 경계선은 더욱 모호해졌습니다. 쉽게 번 거액의 돈만큼 이성을 취하게 만드는 것도 없습니다. 이런 짜릿한 경험을 하고 나면 정상적인 이성을 가진 사람들마저도 자신도 모르게 무도회장의 신데렐라처럼 행동합니다. 그들은 무도회에 너무 오래 머무르면, 즉 미래에 벌어들일 현금 흐름에 비해 지나치게 고평가된 기업에 계속 투기를 하면 언젠가는 그 주식이 호박과 생쥐로 변하고 만다는 사실을 알고 있습니다. 그럼에도 불구하고 그들은 신나는 파티를 단 1분이라도 놓치고 싶은 생각이 전혀 없습니다. 그래서 파티의 흥에 취한 참가자들은 자정이 되기 몇 초 전에 무도회장을 떠날 계획을 세웁니다. 하지만 문제는 그들이 춤추는 무도회장에 있는 시계에는 바늘이 달려 있지 않다는 겁니다.

15

토큰증권(STO)과 DeFi & NFT

> "
>
> 분석이란 보이지 않는 사실을
> 찾아내 적용하고,
> 알려지지 않은 것들을
> 밝혀내는 행위다.
>
> ―
>
> 벤저민 그레이엄
>
> "

가치투자의 창시자로 불리는 벤저민 그레이엄은 1928년부터 1957년까지 컬럼비아대학교 경영대학원에서 강의를 했다. 당시 그는 주가수익비율이나 부채비율, 배당실적 등을 분석한 이익 증가율에 대해 중점적으로 분석했다. 특히 가치투자 개념은 증권시장 종사자들뿐만 아니라 개인 투자자 사이에서도 여전히 적용되는 이론이다. 그는 "우연적 요소가 증가할수록 분석도 가치를 잃는다"라고 강조했다. 이 말에 담긴 숨은 뜻은 비정상적이고 불안정한 사업을 분석하는 것은 수익은 물론이고 투자가치조차 없는 일이라는 것이다.

투자의 기본은 성장 가능성을 예측하여 자산을 늘리는 것이다. 그렇다면 '성장 가능성'은 어떻게 측정할 수 있는가? 여러 가지 분석과 예측 기술이 있겠지만, 가장 중요한 핵심은 '시장의 변화'와 관련한 다양한 현상에 대해 학습자의 관점에서 바라봐야 한다는 점이다. 투자도 공부가 필요한 분야이고, 시장 변화를 주도하는 기업의 신기술 등에 관한 정보를 알고 있지 못하면 투자가치를 결코 파악할 수 없다.

지금까지 1부와 2부에 걸쳐 블록체인과 토큰증권 관련 사항을 면밀하게 다루었는데, 이 장에서는 블록체인 기술을 활용한 토큰증권과 관련하여 투자자들이 기본적으로 꼭 알고 있어야 할 두 가지 사항을 소개하겠다. 하나는 탈중앙화금융인 '디파이DeFi'^{Decentralized Finance}이고 다른 하나는 '대체 불가능한 토큰' NFT^{Non Fungible Token}이다.

(1) 탈중앙화금융 DeFi

DeFi는 2008년 무렵 발생한 글로벌 금융 위기를 계기로 비트코인과 함께 등장했다. 리먼 사태로 인해 금융기관에 대한 신뢰가 무너지자 금융시장은 좀 더 신뢰할 만한 돌파구를 찾아내야만 했다. 그렇게 하여 탄생한 것이 탈중앙화금융인 DeFi이며, 이것은 이더리움 네트워크를 중심으로 개발된 분산형 네트워크다. DeFi 개념은 시파이^{CeFi}와 비교하여 설명할 수 있다.

CeFi는 첫째, 보안성이 취약하다. 중앙화 시스템에서는 해커들의 공격에 따른 불안감이 존재한다. 예를 들면, 지난 2011년 4월 12일 농협의 전산망이 마비된 사태가 발행했다. 피해는 심각했고, 수많은 데이터 자료가 손상되어 고객들은 며칠 동안 해당 서비스를 사용할 수 없었다. 비단 농협뿐만 아니라 국민은행이나 국민카드, 현대캐피탈 등 신용카드사의 개인정보 유출사고는 빈번하게 발생한다. 일련의 사건으로도 쉽게 확인할 수 있듯이 중앙화 시스템에서는 보안이 상당히 취약한 편이다. 둘째, 비용 절감 효과가 낮다. 중앙화 시스템을 운영하기 위해서는 인력과 관리 등 엄청난 비용이 필요하기 때문이다. 셋째, 투명성이다. CeFi는 위변조가 가능하며 필요에 따라 수정할 수 있다. 넷째, 확장성이 떨어진다. 금융 시스템이 낙후된 후진국에선 자국의 화폐가 없는 경우가 많다. 예를 들면, 아프리카, 남미, 동아시아 일부 국가는 자신의 은행계좌를 갖고 있지 않으며 그 숫자는 무려 대략 17억 명에 이른다.

DeFi는 첫째, 안정성을 강화했다. CeFi보다 훨씬 더 안정된 시스템을 갖추고 있기 때문에 사용자의 불안감을 최소화한다. 예를 들어 A은행이 해킹을 당했다고 가정하면 CeFi시스템에선 A은행의 모든 거래가 중단된다. 그러나 분산화 시스템인 DeFi에선 데이터가 분산화되어 있기 때문에 거래할 때 어떤 영향도 받지 않고 정상 업무가 가능하다. 둘째, 블록체인 기술을 이용하기 때문에 TTP 방식에서 P2P방식으로 바뀌므로 비용 측면에서도 효율적이다. 셋째, 위변조가 불가능하기 때문에 투명하게 운영할 수 있다. 넷째, 분산화 시스템을 활용하면 선진국이나 후진국 등을 구별하지 않고, 전 세계 누구라도 쉽게 사용할 수 있다. 때와 장소를 가리지 않고 거래할 수 있기 때문에 확장성과 편리성을 지닌다.

　DeFi와 관련한 활용 측면을 살펴보면 다음과 같다. DeFi는 우선 사용자가 디지털 월렛과 주소, 자산 등을 직접 관리하기 때문에 디지털 월렛을 분실하면 찾을 방법이 없다. 따라서 사용자는 디지털 월렛을 철저하게 관리해야만 한다. 왜냐하면 DeFi 서비스 회사는 사용자 정보를 갖고 있지 않기 때문이다. 은행이나 증권사 등 금융권에서 계좌를 만들려면 승인을 받아야 하고 KYC^{Know your Customer}인증 절차가 필요하지만 DeFi 서비스는 승인이나 KYC인증도 필요 없다. 만약 디지털 자산으로 대출을 원하면 디지털 자산이 들어 있는 디지털 월렛으로 렌딩^{lending} 서비스에 연결하면 된다.

　DeFi 프로그램 코드는 오픈소스이므로 다른 DeFi 서비스와 연결하고 싶다면 프로그램 코드를 가져와서 쉽게 사용할 수 있다. 이런 편리한 장점으로 여러 형태의 다양한 금융 서비스나 상품들이 더 등장할 것이다. 그리고 세계 여러 나라가 중앙은행 디지털 화폐 CBDC의 발행과 토큰 증권화 등으로 빠르게 변화될 것으로 보인다. 결국 전 세계 금융 산업은 블록체인화가 되어 선진국이나 후진국에서도 자유롭게 사용이 가능하고, 자국 화폐가 없는 나라들도 쉽게 사용할 수 있게 될 것이다. DeFi와 관련한 몇 가지 세부 사항을 살펴보면 다음과 같다.

디지털 월렛Digital Wallet DeFi 금융에서 월렛은 매우 중요하다 CeFi의 은행계좌와 같은 것이다. 월렛은 디지털 자산(가상자산 · 토큰증권) 등의 커스터디와 서비스에 적합하다. 특히 보안과 안전성을 위해 출금할 때 사용하는 다중서명인 멀티시그 월렛Multi-Signature wallet을 결합한 하이브리드 기술을 사용해 신뢰성을 높이도록 설계되었다. 이렇게 암호화 및 검증과 다중서명을 결합한 디지털 자산을 보관할 수 있도록 솔루션을 제공한다. 다중서명으로 인출할 때에는 사용자키, DeFi 금융 월렛키, 백업키 등 3개의 키가 필요하다. 먼저 사용자키는 사용자키와 생성한 주소를 이용하여 트랜잭션을 요청한다. 그리고 DeFi 금융 월렛키는 사용자키와 함께 다중서명을 하고 트랜잭션을 수행한다. 마지막으로 백업키는 사용자가 분실했을 경우를 대비해 미리 보관해야 한다.

DEXDecentralized Exchange DEX는 블록체인 네트워크에서 스마트 컨트랙트를 기반으로 디지털 자산을 활용해 프로그래밍되는 탈중앙화금융 방식이다. 블록체인 플랫폼이 가진 응용 프로그램을 누구나 쉽게 이용할 수 있기 때문에 투명성을 지닌다. 또한 이런 탈중앙금융 시스템은 금융사를 이용하지 못하는 소비자들도 사용할 수 있다. 즉 DEX는 누구나 차별 없이 쉽게 금융 서비스에 접근할 수 있으며 개인정보가 유출될 염려도 없다. 특히 빠른 처리 속도 등 혁신적인 기능을 활용하여 폭넓게 금융 생태계를 구축할 수 있다. 중앙화금융 CeFi보다는 탈중앙화금융 DeFi에서 제공되는 금융 서비스가 활용도가 더 높다고 할 수 있다.

스테이킹 Staking 사용자는 보유한 디지털 자산을 예치함으로써 보관 기간의 차이에 따라 보상을 받는다. 이렇게 일정 기간 동안 자산을 예치하는 경우 락업 lockup 이 걸려 있기 때문에 중도에 해지할 수가 없다. 하지만 DeFi 서비스를 제공한다면 회사는 중도에 언스테이킹이 가능해진다. 이런 경우는 매우 드물기 때문에 해당 사항이 발생하면 페널티를 부과하는 것이 일반적이다. 디지털 자산의 예치 기간 동안 플랫폼 운영이나 검증에 참여하여 디지털 자산을 보상받기도 한다. 스테이킹은 디지털 자산의 양, 스테이킹 기간, 블록체인 전체에 스테이킹된 디지털 자산의 양 등으로 구분할 수 있다. 그러나 이자농사 yield farming 는 디지털 자산을 예치하고 이자를 받는다는 점에서는 스테이킹과 비슷하지만 개념이 조금 다르다. 스테이킹이 블록 검증에 대한 보상이라면 이자농사는 DEX나 디지털 자산 랜딩플랫폼 같은 DeFi 시장에 유동성을 제공한 대가로 디지털 자산을 받는 것이다.

랜딩풀^{Lending pool} 대출자들은 랜딩풀에 거래 가능한 디지털 자산을 담보로 제공하고 필요한 디지털 자산으로 대출을 받을 수 있다. 이때 비트코인, 이더리움 등으로 받기도 하지만 변동성이 작은 USDT나 USDC와 같은 스테이블로 받는 것이 좀 더 안정적이다. 랜딩풀 계약은 플래시 대출^{Flash loam}, 스와프^{Swap rate}, 보증금^{Deposit Funds}, 상환^{Repay a loan}, 대출^{lending}, 청산^{Liquidation} 등이 있다.

DeFi 시장은 시간이 지날수록 수정 보완되면서 변화와 성장을 이룰 것이다. 따라서 앞으로 CeFi 시스템을 대신해 DeFi 시스템을 구현하고 디지털 생태계가 활성화될 것으로 예상된다. 그리고 글로벌 금융시장은 블록체인을 기반으로 하는 CBDC, 핀테크 디지털 자산 중심으로 보다 더 효율적이고 투명한 금융 혁신 또한 기대된다.

(2) 대체 불가능한 토큰 NFT

NFT는 블록체인 기술을 활용하여 자산의 고유성과 소유권을 증명하는 핵심 기술이라 할 수 있다. NFT는 '대체 불가능한 토큰'이란 뜻으로 다양한 아이템이나 디지털 콘텐츠에 고유한 식별자를 부여하여 디지털 자산 가치를 지닌 것을 말한다. NFT는 블록체인 기술을 활용하여 기록하고 관리함으로써 거래에 편리성을 제공한다. 조금 더 쉽게 말하자면 NFT는 디지털 자산마다 고유번호가 부여되어 있기 때문에 다른 자산으로 대체할 수 없는 방식이다.

흔히 아는 비트코인은 A가 가진 1비트코인과 B가 소유한 1비트코인이 같은 가치를 갖고 있기 때문에 서로 교환이 가능하다. 이런 것을 '대체 가능한 토큰'이라고 부른다. 이에 반해 NFT는 자산마다 각각의 속성이 있기 때문에 일대일 교환이 불가능하다. 그래서 NFT는 블록체인 기술 특성상 한번 발행하면 제3자가 복제하거나 위조할 수가 없고, 소유권과 거래 내역이 명시되므로 일종의 '디지털 소유 증명서'처럼 활용될 수 있다.

NFT 작동 원리 NFT의 작동 원리는 블록체인 기술을 기반으로 디지털 자산의 거래 내역을 고유한 토큰 ID와 함께 분산원장으로 저장한다. 이것은 스마트 컨트랙트를 통해 NFT의 소유권과 이력 등을 투명하게 확인할 수 있기 때문에 블록체인을 통해 소유권 이전도 간편하게 할 수 있다. NFT는 ERC-721, ERC-1155와 같은 표준을 사용하여 생성된다. ERC-721은 고유한 디지털 자산을 나타내고, 각각의 토큰은 고유한 ID를 가지며 스마트 컨트랙트할 수 있다. ERC-1155는 여러 자산을 하나의 스마트 계약으로 관리하며, 다중 소유성을 지원한다. ERC-721은 고유성을 강조하고, ERC-1155는 유연성과 효율성을 제공하는 방식이다.

NFT 시장 동향 지난 몇 년 동안 NFT 시장은 크게 성장했다. 2017년 12월에 등장한 크립토키티Cryptokitties NFT는 압도적인 거래량을 기록하면서 이더리움 네트워크를 마비시켰다. 2021년 NFT 시장 규모는 약 250억 달러에 달했으며, 2022년에는 1,200억 달러로 성장했다. NFT는 기존의 예술 작품, 게임 아이템, 음악 파일 등의 디지털 자산에서부터 부동산, 주식, 인증서 등의 실물자산까지 다양한 분야에서 활용된다. 특히 게임, 스포츠, 음악, 엔터테인먼트 등의 분야에서 NFT의 활용이 증가하고 있다.

NFT의 신뢰성 문제와 KNCA NFT 시장이 성장함에 따라 검증되지 않는 NFT 아이템들이 무분별하게 등장하였고, 이로 인해 NFT 품질 문제와 저작권, 소유권 등의 다양한 문제들이 발생하고 있다. 지난 2021년부터 한국NFT공인인증원(KNCA) ^{Korea NFT Certification Authority}은 디지털 자산의 초기 블록체인 등록부터 NFT 실체 여부를 검증하고 있다. 또한 거래 이력을 관리하며 이를 등기부등본이나 증명서로 발급함으로써 NFT 인증기관으로서 중요한 역할을 담당하고 있다. 이러한 활동은 NFT 시장의 신뢰성과 안전성을 확보하고 건전한 발전과 디지털 혁신을 증진시키는 데 매우 중요하다고 할 수 있다.

NFT의 역할과 가능성 NFT 콘텐츠는 블록체인 기술을 통해 디지털 아이템의 원본을 인증하고 고유성과 소유권을 보장한다. 이를 통해 글로벌한 경제적 가치를 창출할 수 있게 되었다. 특히 우리나라는 빠르게 성장하는 디지털 콘텐츠 산업과 함께 디지털 인프라를 가지고 있기 때문에 NFT와의 시너지를 기대할 수 있는 가장 이상적인 환경이라 할 수 있다. 디지털 아트, 게임, 음악 등 다양한 분야에서 NFT 콘텐츠를 확보하고 한국NFT공인인증원(KNCA)을 통해 글로벌한 NFT 신뢰성과 안전성을 확보한다면 성장은 무한하다고 할 수 있다.

토큰증권(Security Token)
발행·유통 규율체계 정비방안

- 자본시장법 규율 내에서 STO를 허용하겠습니다. -

> **[주요 내용]**
>
> 디지털 금융 혁신을 위한 국정과제로,
> 자본시장법 규율 내에서 STO를 허용하기 위한
> 토큰증권 발행·유통 규율체계 정비를
> 추진합니다.

[과제1] 법 위반 가능성을 방지하고 투자자를 보호하기 위해 디지털 자산의 증권 여부 판단원칙과 적용례를 제공합니다.

[과제2] 3가지 제도개선을 통해 토큰증권이 제대로 발행·유통될 수 있는 제도적 기반을 마련하고 정책 방향을 미리 안내합니다.

(1) 토큰증권을 전자증권법 제도상 증권발행 형태로 수용

(2) 직접 토큰증권을 등록·관리하는 발행인 계좌관리기관 신설

(3) 투자계약증권·수익증권에 대한 장외거래중개업 신설

→ 자본시장 제도의 투자자 보호장치 내에서 토큰증권을 발행·유통할 수 있게 됩니다.

(1) 조각투자 등 다양한 권리를 손쉽게 증권으로 발행·유통

(2) 비정형적 증권을 유통할 수 있는 소규모 장외시장 형성

(3) 투자자 보호를 위한 증권 제도를 동일하게 적용

□ 토큰증권(Security Token)이란, 분산원장 기술(Distributed Ledger Technology)을 활용해 자본시장법상 증권을 디지털화(Digitalization)한 것을 의미합니다.

o 디지털 자산 측면에서는 증권이 아닌 디지털 자산(소위 '가상 자산')과 대비되는 '증권형 디지털 자산'입니다.

o 증권 제도 측면에서는 실물 증권과 전자 증권에 이은 증권의 새로운 발행 형태라는 점에서 '토큰증권'으로 명칭을 정리하였습니다.

□ 자본시장법의 규율 대상은 '증권'이며, 발행 형태는 고려하지 않습니다.

[토큰증권과 디지털 자산의 규율체계]

o 투자자가 얻게 되는 권리가 법상 증권에 해당한다면, 어떤 형태를 하고 있든지 투자자 보호와 시장질서 유지를 위한 공시, 인·허가 제도, 불공정 거래 금지 등 모든 증권 규제가 적용됩니다.

o 따라서 토큰증권은 디지털 자산 형태로 발행되었을 뿐 증권이므로 당연히 자본시장법의 규율 대상입니다.

o 반면, 증권이 아닌 디지털 자산은 자본시장법상 증권 규제가 적용되지 않고, 국회에서 입법이 추진되고 있는 디지털 자산 기본법에 따라 규율체계가 마련될 것입니다.

□ 현행 상법과 전자증권법은 증권의 발행형태로 실물 증권과 전자증권법에 따라 권리를 전자적으로 등록하는 전자 증권을 허용하고 있습니다.

o 실물 증권과 전자 증권에는 법상 권리 추정력 등*이 부여되어 투자자의 재산권을 보호하고 안정적인 증권 거래가 이루어질 수 있습니다.

* 예) 실물 증권 점유자는 적법한 소지인으로 추정하며 실물 증권 교부를 통해 양도 전자등록계좌부에 등록된 자는 적법한 권리자로 추정하며 계좌간 대체를 통해 양도

□ 자본시장법상 증권 개념과 증권 발행형태의 관계는 증권을 '음식'으로, 증권의 발행형태를 그 음식을 담는 '그릇'으로 비유할

수 있습니다.

i) 어떤 그릇에 담겨 있더라도 음식이 바뀌지 않습니다. 다시 말하면, 발행형태가 달라진다고 하여 증권이라는 본질이 변하지는 않습니다.

ii) 아무 것이나 음식을 담는 그릇으로 쓸 수 없습니다. 투자자 보호를 위해 일정한 법적 효력과 요건을 갖춘 발행형태가 요구되어야 합니다.

iii) 음식 종류에 따라 적합한 그릇이 다를 수 있습니다. 특히, 비정형적인 증권을 소액 발행하는 경우에는 증권사를 통해 중앙집중적으로 전자등록·관리되는 기존 전자 증권이 부적합해, 새로운 발행형태가 필요합니다.

☐ STO(Security Token Offering), 즉 토큰증권의 발행·유통을 허용함으로써, 최근 출현한 다양한 권리의 증권화를 지원하고 분산원장 기술을 활용하여 기존 증권의 발행과 거래도 더욱 효율적이고 편리*하게 개선하려 합니다.

  * 예) 비상장주식 주주파악 용이, 비상장채권 소액단위 발행·거래 편리 등

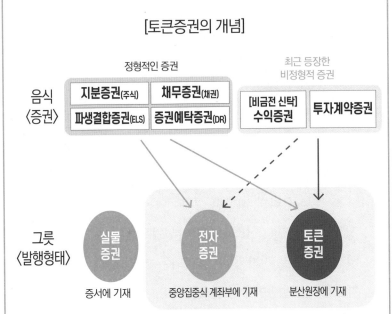

[토큰증권의 개념]

정형적인 증권

최근 등장한
비정형적 증권

음식
〈증권〉

| 지분증권(주식) | 채무증권(채권) |
| 파생결합증권(ELS) | 증권예탁증권(DR) |

[비금전 신탁]
수익증권 투자계약증권

그릇
〈발행형태〉

실물
증권

전자
증권

토큰
증권

증서에 기재

중앙집중식 계좌부에 기재

분산원장에 기재

증권의 디지털화 (법제적으로는 전자증권에 해당)

→ **토큰증권 발행(STO) 허용은 새로운 그릇을 만들어 음식 특
성에 잘 맞는 그릇을 선택할 수 있도록 허용하는 것임**

※ 발행인의 선택에 따라 주식 · 채권 등 정형적인 증권을 토큰증권
에 담거나 (비금전 신탁)수익증권 · 투자계약증권을 기존 전자
증권 형태로 발행하는 것도 가능

② 추진 배경

□ 현행 제도에서는 특정한 방식으로만 디지털 증권의 발행이 가능하고, 증권을 다자간에 거래할 수 있는 유통시장도 제한적입니다.

  o 전자증권법이 증권을 디지털화하는 방식을 제한하고 있어 증권사 등을 통해서만 가능하고, 토큰증권의 발행은 아직 허용되지 않습니다.

  o 최근 조각투자 등과 관련하여 발행 수요가 있는 투자계약증권이나 비금전 신탁 수익증권의 경우, 자본시장법상 유통에 대한 제도가 마련되어 있지 않아 제도권 내에서의 거래가 어렵습니다.

□ 반면, 토큰증권의 형태로 다양한 권리를 발행·유통하려는 시장 수요는 여러 측면에서 제기되고 있습니다.

  o 증권 시장 측면에서는, 기존의 주식 등 정형적인 증권과 거래소 상장 시장 중심의 제도가 충족하지 못하고 있는 다양한 비정형적 증권의 소액 발행·투자 및 거래에 대한 요구가 있습니다.

  o 디지털 자산 시장 측면에서는, 그간 규율공백과 신기술의 편의성을 토대로 빠르게 성장해 온 관련 사업자들이 제도권인 증권 영역까지 진출하려는 시도가 발생하고 있습니다.

□ 한편, 증권에 해당하는 디지털 자산은 현재도 자본시장법상 증권 규제를 모두 준수하며 발행·유통되어야 합니다.

ㅇ 디지털 자산 시장의 질서를 잡아가는 한 과정으로, 증권 여부 판단에 대한 불확실성을 최소화해 법 위반 가능성을 방지하고 투자자를 보호할 필요가 있습니다.

→ **디지털 금융 혁신을 위한 국정과제*로, 자본시장법 규율 내에서 STO를 허용하기 위한 토큰증권 발행·유통 규율체계 정비를 추진합니다.**

* (국정과제 35-2) 증권형 코인은 투자자 보호장치가 마련된 「자본시장법」 규율체계에 따라 발행될 수 있도록 시장여건 조성 및 규율체계 확립

[과제1] 증권 여부 판단원칙 제시

조각투자 가이드라인('22.4.)에 제시한 판단원칙과 기본적으로 동일

□ 「조각투자 가이드라인」('22.4.28.)에서 제시한 기본원칙이 토큰증권에도 동일하게 적용됩니다.

  i) 증권인지 여부는 구체적인 사실관계와 제반사정*을 종합적으로 감안하며, 권리의 실질적 내용을 기준으로 하여 개별 사안별로 판단합니다.

    * 명시적 계약·약관·백서의 내용 외에도 묵시적 계약, 스마트 계약에 구현된 계약의 체결 및 집행, 수익배분 내용, 투자를 받기 위해 제시한 광고·권유의 내용, 여타 약정 등

  ii) 증권인지를 검토·판단하고, 토큰증권에 해당할 경우 증권 규제를 준수할 책임은 토큰증권을 발행·유통·취급하려는 당사자에게 있습니다. 이는 기업이 발행하는 것이 주식인지 여부를 스스로 판단하고 공시 등 자본시장법상 의무를 이행하고 있는 것과 같습니다.

  iii) 해외에서 발행된 경우에도 국내 투자자를 대상으로 청약을 권유하는 등 그 효과가 국내에 미치는 경우에는 우리 자본시장법이 적용됩니다.

  iv) 자본시장법을 의도적으로 우회하려는 시도에 대해서는 증권

규제의 취지와 투자자 보호 필요성 등을 감안해 적극적으로 해석·적용할 것입니다.

□ 따라서, 현재 국내에서 공모 발행되었거나 시중에서 거래되고 있는 디지털 자산이 증권으로 판명될 경우, 발행인 등은 자본시장법을 위반한 것이므로 원칙적으로 제재대상이 됩니다.

증권 판단의 예시와 투자계약증권 요건 등에 대한 구체적 설명 제공

□ 자본시장법 위반 가능성을 방지하고 투자자를 보호하기 위해 증권 판단의 예시와 투자계약증권에 대한 설명을 추가로 제공합니다.

□ 적용례를 통해 증권의 개념이 확대·축소되거나 토큰 형태에만 적용되는 새로운 증권 개념이 생겨나는 것은 아니며, 이는 이해관계인의 자율적 판단을 지원하기 위한 지침일 뿐입니다.

o 어떤 권리가 자본시장법 적용을 받는 증권인지에 대해서는 이미 법률에 명확히 정의(자본시장법 제4조)되어 있기 때문입니다.

o 또한, '22.4월 조각투자 가이드라인 발표 이후 당시까지 적용례가 없던 투자계약증권에 대해서도 판단례를 지속 제공하고 있습니다.

□ 디지털 자산이라는 형태적 특성을 고려하여 투자계약증권의 각 요건에 대한 설명을 추가 보완하고,

　o 증권에 해당할 가능성이 높은 경우와 낮은 경우에 대한 예시를 추가하였습니다. (상세내용 : 별첨 붙임의 「토큰증권 가이드라인」 참조)

　o 향후에도 증권 여부 판단에 대한 적용례 및 판례 등이 축적될 경우, 「토큰증권 가이드라인」에 반영하여 지속적으로 보완해 나가겠습니다.

※ 증권에 해당할 가능성이 높은 경우(예시)

• 사업 운영에 대한 지분권을 갖거나 사업의 운영성과에 따른 배당권 또는 잔여재산에 대한 분배청구권을 갖게 되는 경우

• 발행인이 투자자에게 사업 성과에 따라 발생한 수익을 귀속시키는 경우

　– 투자자에게 지급되는 금전 등이 형식적으로는 투자자 활동의 대가 형태를 가지더라도 실질적으로 사업 수익을 분배하는 것에 해당하는 경우

　* 조각투자의 경우에는 공동사업의 결과에 따른 손익을 귀속 받는 계약상의 권리임을 전제하고 있으나, 디지털 자산은 이에 대해 별도의 판단 필요

※ 증권에 해당할 가능성이 낮은 경우(예시)

• 발행인이 없거나 투자자의 권리에 상응하는 의무를 이행해야 하는 자가 없는 경우

• 지급결제 또는 교환매개로 활용하기 위해 안정적인 가치유지를 목적으로

발행되고 상환을 약속하지 않는 경우

• 실물 자산에 대한 공유권만을 표시한 경우로서 공유목적물의 가격·가치상
승을 위한 발행인의 역할·기여에 대한 약속이 없는 경우

[토큰증권 발행·유통 규율체계]

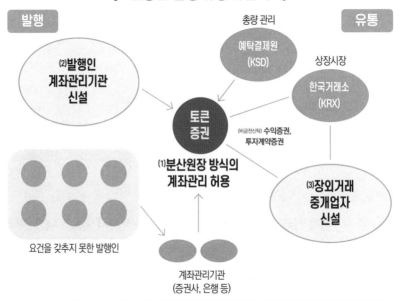

→ **3가지 제도개선을 통해 토큰증권의 발행과 유통을 허용합니다.**

(1) 토큰증권을 전자증권법 제도상 증권발행 형태로 수용

(2) 직접 토큰증권을 등록·관리하는 발행인 계좌관리기관 신설

(3) 투자계약증권·수익증권에 대한 장외거래중개업 신설

토큰증권의 혁신성과 자본시장법의 투자자 보호 취지를 균형 있게 추진

☐ 토큰증권의 혁신성은 증권사 등 금융기관 중심의 전자증권 제도 하에서는 발행이 어려웠던 다양한 권리를 증권화하고, 이러한 비정형적 증권들이 디지털화됨에 따라 편리하게 거래할 수 있다는 점으로 집약될 수 있습니다.

   o 이러한 장점을 수용하면서 정보비대칭을 해소하고 시장 질서를 확립해 투자자를 보호하는 증권 규제의 목적이 달성될 수 있도록 토큰증권이 제대로 발행·유통될 수 있는 제도적 기반을 마련하고자 합니다.

(1) 토큰 증권 발행 허용 (전자증권법 개정)

토큰증권을 전자증권법 제도상 증권발행 형태로 수용

☐ 분산원장 요건을 충족하는 토큰증권을 전자증권법상 증권의 디지털화 (전자등록) 방식으로 수용합니다.

   o 즉 분산원장 기술을 증권의 권리 발생·변경·소멸에 관한 정보를 기재하는 법상 공부(公簿)의 기재 방식으로 인정하는 것입니다.

   o 분산원장의 안정성을 확보하고 투자자의 권리를 보호하기 위해 일정한 요건이 요구될 예정입니다.

- 예를 들어, 복수 참여자가 거래 기록을 확인·검증하고, 사후적 조작·변경이 방지되며, 토큰증권의 발행이나 거래를 위해 별도의 가상 자산을 필요로 하지 않는 등의 조건이 필요합니다. (상세 내용 : 별첨 참고 참조)

□ 이러한 요건을 충족하는 분산원장을 바탕으로 발행된 토큰증권에는 기존 전자 증권과 동일한 전자증권법상의 투자자 보호 장치가 적용됩니다.

i) 토큰증권에도 전자증권법에 따른 권리 추정력과 제3자 대항력 등이 부여되어 투자자의 재산권이 보호됩니다.

ii) 전자등록기관(KSD)이 증권의 외형적 요건을 갖추었는지를 심사합니다.

- 이는 양도될 수 있는 권리인지(양도가능성), 권리자 간 권리 내용이 동일한지(대체가능성), 법령에 위반되는 발행인지 등 권리를 표준화하여 발행하는 증권의 형식을 충족하였는지를 살펴보는 것입니다.

iii) 전자등록기관(KSD)이 발행 총량을 관리합니다. 투자자에게 배정된 증권의 총수량과 발행량을 비교하여 오차가 발생할 경우 정정토록 하거나 전자 증권법상 절차에 따라 초과분을 해소합니다.

일정 요건을 갖춘 발행인이 토큰증권을 직접 발행할 수 있도록 허용

□ 일정한 요건을 갖춘 발행인은 직접 발행한 증권의 권리 내용과
  권리자 등에 대한 정보를 분산원장에 기재할 수 있도록 허용합
  니다.

  o 즉 요건을 갖춘 발행인은 발행인 계좌관리기관이 되어 증권사
    등을 통하지 않고 직접 토큰증권을 발행*할 수 있습니다.

    * 기존 전자 증권 발행시와 동일한 전자증권법·자본시장법의
      투자자 보호 장치 적용

  o 발행인 계좌관리기관의 요건은 법상 공부(公簿)를 기재·관리
    하는 자에게 필요한 신뢰성·전문성·안정성 등을 고려하여 정
    할 예정입니다. (상세 내용 : 별첨 참고 참조)

  o 요건을 갖추지 못한 발행인의 토큰증권 발행이 제한되는 것은
    아니며, 기존 전자 증권과 동일하게 증권사 등을 통해서 발행
    할 수 있습니다.

□ 아울러, 旣발표한 「사모 및 소액공모 제도 개편방안」('19.10.)도
  함께 추진합니다. 다양한 권리를 토큰증권으로 발행할 때에도
  소액공모 제도를 적극 활용할 수 있게 될 것입니다.

① 청약자가 모두 전문투자자인 경우 사모로 인정 (전문투자자 사모)

② 현행 소액공모(Tier1) 한도를 10억 원 → 30억 원으로 상향

③ 현행 소액공모보다 투자자 보호장치를 강화한 100억 원 한도 소액공모
   Tier2 신설

(3) 장외거래중개업 신설 (자본시장법 개정)

[비정형적 증권의 유통제도 정비]

지분증권	채무증권	파생결합증권	[비금전 신탁] **수익증권**	투자계약증권
지분ST	채무ST	파생결합ST	[비금전 신탁] **수익ST**	투자계약ST

기존 유통제도 및 시장 존재   장외 유통플랫폼 제도화 (장외거래중개업)
투자계약증권에 유통제도 적용

투자계약증권과 [비금전 신탁] 수익증권의 소규모 장외 유통플랫폼 제도화

□ 투자계약증권과 수익증권(비금전 신탁, 이하 동일)의 다자간 거래를 매매 체결할 수 있는 장외거래중개업 인가를 신설합니다. (상세 내용 : 별첨 참고 참조)

  ⅰ) (업무) 장외거래중개업자는 자사 고객 간 거래를 다자간 상대매매 (매수·매도호가 일치시 매매체결) 방식으로 중개할 수 있습니다.

  ⅱ) (인가) 일정 규모 이상의 자기자본 및 물적·인적·대주주·임원

요건을 정할 예정입니다. 또한, 거래종목 진입·퇴출, 투자자 정보제공, 불량회원 제재, 이상거래 적출 등에 대한 업무기준도 마련해 심사받아야 합니다.

iii) (규제) 이해상충을 방지하기 위한 발행과 유통(시장운영) 분리 원칙이 적용됩니다. 즉 발행·인수·주선한 증권은 유통할 수 없고, 자기계약도 금지됩니다.

iv) (공시예외) 발행시 증권신고서나 소액공모 공시서류를 제출한 투자 계약증권·수익증권을 장외거래중개업자의 중개를 통해 거래하는 경우, 매출 공시* 예외가 인정됩니다.

　* 50인 이상의 투자자에게 旣발행 증권의 매도 청약을 하거나 매수 청약을 권유할 때마다 증권신고서 등을 제출하여야 하는 공시 의무

v) (투자한도) 공시 예외가 적용되는 소규모 유통시장이므로, 일반투자자에 대해서는 투자한도*를 제한하여 보호할 것입니다.

　* 도산절연, 비정형성 측면에서 투자위험이 높은 투자계약증권의 한도를 더 낮게 정할 예정

※ 투자계약증권·수익증권의 상장시장 관련 (상기 장외거래중개업자: 장외시장)

◆ 투자계약증권과 수익증권의 상장시장은 다른 증권과 동일하게 자본시장법상 증권거래소 허가를 받은 자가 운영

‣ 투자자 보호를 위하여 상장요건과 중요정보 공시 등을 적용하되, 시장 특

성을 감안하여 기존 시장보다 완화된 수준으로 운영할 계획

‣ 상장시장은 다수의 투자자가 참여하고 거래규모가 큰 시장

• 분산원장의 처리속도에 한계가 있으므로, 상장 시에는 기존 전자 증권으
로 전환하고 현행 매매 · 청산 · 결제 인프라를 동일하게 활용

→ **자본시장 제도의 투자자 보호장치 내에서 토큰증권 발행·유통 허용**

‣ 조각투자 등 다양한 권리를 손쉽게 증권으로 발행·유통

‣ 비정형적 증권을 유통할 수 있는 소규모 장외시장 형성

‣ 투자자 보호를 위한 증권 제도를 동일하게 적용

□ 조각투자와 같이, 기존에 전자 증권으로 발행되기 어려웠던 다양한 권리가 토큰증권의 형태로 손쉽게 발행·유통될 수 있습니다.

ㅇ 토큰증권은 탈중앙화가 특징인 분산원장을 기반으로 하기 때문에 금융 기관이 아닌 발행인도 직접 증권을 전자등록·관리하도록 허용할 수 있고, 스마트 계약 등의 기술을 활용해 다양한 권리를 편리하게 증권화하여 발행하고 유통할 수 있습니다.

□ 상장 주식시장 중심인 증권 유통제도가 확대되어 비정형적 증권(투자계약증권, 비금전신탁 수익증권)에 적합한 다양한 소규모 장외시장이 형성됩니다.

ㅇ 지금까지 허용되지 않던 장외시장이 형성됨에 따라, 다양한

증권이 그 성격에 부합하는 방식으로 유통되고 다변화된 증권
거래 수요를 충족할 수 있을 것입니다.

□ 이러한 토큰증권의 발행·유통 과정에서 그동안 자본시장 제도
가 마련·발전시켜 온 투자자 보호장치가 모두 동일하게 적용됩
니다.

ㅇ 자본시장의 역사는 투자자 보호장치 발전의 역사라고 할 수
있습니다. 토큰증권의 투자자도 기존 증권과 동일하게 보호하
여, 토큰증권 시장이 투자자 보호의 공백 없이 책임 있는 혁신
을 이룰 수 있도록 하겠습니다.

⑤ 향후 계획

□ 금번 「토큰증권 발행·유통 규율체계 정비방안」의 후속 법령 개
   정 작업을 단계적으로 추진해 나가겠습니다.

　ㅇ '23.상반기 중 전자증권법과 자본시장법 개정안을 국회에 제
   출하는 등 제도화를 추진할 것입니다.

　　- 법 개정 전이라도 혁신성이 인정되는 경우 금융규제 샌드박
   스를 통해 투자계약증권의 유통과 수익증권의 발행·유통 방
   안을 테스트*하겠습니다.

　　* 단, 전자증권법 개정 前에는 기존 전자증권과 토큰을 1:1매칭하
   는 등 전자증권화 필요

　ㅇ 아울러, 신설되는 각종 인가 등의 세부 요건은 향후 하위법령 개
   정시 이해관계자의 의견을 추가로 수렴하여 확정할 예정입니다.

□ 또한, 정부는 디지털 자산 제도 마련을 위한 국회 입법 논의에도 적
   극 참여해 디지털 자산 시장 전반의 규율을 마련해 나가겠습니다.

	과제	요조치사항	추진일정
발행	토큰증권 수용	전자증권법 개정	'23.上 법안제출
	발행인 계좌관리기관 신설	전자증권법 개정	'23.上 법안제출
유통	투자계약증권 유통제도 적용	자본시장법 개정	'23.上 법안제출
	장외거래중개 인가 신설	자본시장법 시행령 개정	자본시장법 개정 후속
	소액투자자 매출공시 면제	자본시장법 시행령 개정	자본시장법 개정 후속
	디지털증권시장 신설	자본시장법 시행령 개정	자본시장법 개정 후속

※ 별첨. 토큰증권(Security Token) 발행·유통 규율체계 정비방안

참고(주요 Q & A)

Q1. 현재 거래되는 디지털 자산 중 증권은 얼마나 되는지?

□ 자본시장법상 금융투자상품은 투자자가 이익 획득 또는 손실 회피를 위해 취득하는 권리이며, 증권은 이 중 원본초과손실 가능성이 없는 것을 의미

  ㅇ 디지털 자산이 증권인지 여부는 구체적인 계약내용 등을 종합적으로 감안하여 개별적으로 검토할 사항으로 일률적으로 판단하기 매우 어려움

□ 다만, 현재 가상자산 거래소에서 거래되는 디지털 자산 중 발행인이 투자자에게 증권에 해당하는 계약상 권리를 부여하는 경우가 일반적이지는 않을 것으로 생각됨

  ㅇ 또한, 발행인·가상자산 거래소 등도 법 위반 가능성을 스스로 점검하는 차원에서 증권 계약 해당여부를 자체적으로 검토하는 것으로 알고 있음

Q2. 금번「토큰증권 가이드라인」에 따라 증권인 디지털 자산에 대한 자본시장법 적용이 시작되는 것인지?

□ 투자자가 취득하는 권리의 내용이 증권이라면 디지털 자산의

형태인지와 관계없이 지금도 자본시장법상 모든 증권규제가 적용되고 있음

☐ 토큰증권 가이드라인에서 제시하는 증권 판단원칙과 적용례는 디지털 자산의 발행인·중개업자 등이 스스로 위법 가능성을 줄이고, 이를 통해 증권 투자자들을 보호하기 위한 것으로,

　ㅇ 향후 금융당국이나 사법부의 구체적 판단사례가 축적되면 관련 가이드라인에도 이를 지속적으로 반영하여 안내할 계획임

　　* '조각투자 가이드라인'('22.4.28.) 발표 이후, 공유지분(소유권)을 부여하는 조각투자에 대한 투자계약증권 적용례를 추가한 바 있음 ('22.11.29. 보도자료 참조

Q3. 디지털 자산이 증권으로 판명되면 어떻게 처리되는지?

☐ 자본시장법상 증권 규제를 준수하지 않고 증권을 발행·유통하였다면 발행인 등은 제재대상이 되며,

　ㅇ 원칙적으로 가상자산 거래소에서의 거래도 지속되기 어려움

☐ 다만, 기본적으로 청구권이 내재되지 않는 가상자산과 달리,

　ㅇ 증권은 거래가 중단되더라도 투자자가 취득한 발행인에 대한 청구권 등 내재되어 있는 가치가 모두 사라지는 것은 아님

□ 또한, 금융당국은 가상자산 거래소 등과 함께 관련 조치에 따른 시장 혼란이나 선량한 투자자들의 피해 등 부작용이 최소화되는 방향으로 증권 규율체계가 정립될 수 있도록 지속적으로 노력할 것임

Q4. 금번 토큰증권 규율체계가 마련되어도 전체 디지털 자산 규율에는 한계가 있는 것이 아닌지?

□ 금번 토큰증권에 대한 자본시장 규율체계 정비와 함께 현재 국회에서 논의 중인 디지털자산기본법이 제정되는 등 관련 제도가 마련되면, 전반적인 디지털 자산 시장의 규율체계가 완성될 것임

Q5. 전자증권 방식으로 증권을 디지털화할 수 있음에도 불구하고 토큰증권을 도입하는 이유는?

□ 기존 전자 증권은 증권사 등 금융기관이 중앙집중적으로 등록·관리하는 방식이므로 표준화된 주식·채권 등의 대량 발행과 거래에는 적합하나,

　ㅇ 다양하고 비정형적인 권리를 소규모로 손쉽게 발행하는 데에는 한계가 있음

□ 반면, 토큰증권은 탈중앙화를 특성으로 하는 분산원장과 스마트 계약 기술 등을 기반으로 하기 때문에,

　ㅇ 발행자가 직접 다양한 조건의 비정형적인 권리를 낮은 비용으로 발행하고, 상대적으로 존속기간이 짧은 증권계약 등의 경우에도 손쉽게 말소할 수 있는 등 발행자와 투자자 간의 다양한 계약을 손쉽게 증권화하기 용이할 것으로 기대

Q6. 발행인 계좌관리기관의 요건이 너무 높으면 스타트업이 STO를 통해 자금을 조달하기 어려워지는 것 아닌지?

□ 발행인 계좌관리기관만 토큰증권을 발행할 수 있는 것은 아님

　ㅇ 누구든지 증권사 등을 통해 토큰증권의 형태로 발행하여 투자자로부터 자금을 조달할 수 있으며, 이는 현재 전자증권을 발행하는 것과 동일함

□ 발행인 계좌관리기관이 관리하는 분산원장 계좌는 전자증권법에 따라 효력이 인정되는 공부(公簿)이므로 기재·관리하는 자의 신뢰성이 필요

　ㅇ 발행인 계좌관리기관의 구체적인 요건은 하위법령 정비시 추가적인 의견수렴을 거쳐, 전자증권제도의 안정성과 투자자 재산권 보호를 위해 꼭 필요한 수준으로 정할 예정임

Q7. 투자계약증권과 수익증권의 장외거래중개업을 신설하는 이유는?

☐ 현재 우리 자본시장의 증권 유통 제도는 상장 주식시장 중심이며, 장외시장 형성은 (비상장주식을 제외하면) 허용되어 있지 않음

　o 그러나, 최근 조각투자 등 다양한 증권의 발행과 함께 이를 다자간에 거래할 수 있는 장외시장에 대한 수요가 제기되고 있음

☐ 비정형적인 증권은 대규모 상장 증권시장보다는 소규모 유통시장이 적합한 측면이 있어, 이에 적합한 장외투자중개업을 신설하는 것임

　o 소규모 장외시장이 형성됨에 따라 다양한 증권이 그 성격에 부합하는 방식으로 유통되고, 다변화된 증권 거래 수요를 충족할 수 있을 것으로 기대

Q8. 발행한 증권을 장외시장에서 직접 유통할 수 있도록 해야 토큰증권 시장이 활성화되는 것 아닌지?

☐ 발행과 시장운영의 분리는 증권의 발행자와 유통시장 운영자 간의 이해상충을 방지하여 투자자를 보호하기 위한 자본시장

제도의 기본 원칙이며,

o 이는 새롭게 형성되는 (비금전 신탁)수익증권·투자계약증권의
  장외시장에도 동일하게 적용할 필요

※ 현재 일반 증권사는 다자간 상대매매 등 시장 운영이 금지되어 있고, 종합
  금융투자 사업자의 경우에도 타인이 발행한 주식에 한하여 다자간 상대
  매매 시장 운영을 허용

□ 다만, 현재 금융규제 샌드박스를 통해 제한적인 조건을 부과하
  여 조각투자 증권의 발행·유통 겸영 가능성을 테스트하고 있
  으며,

o 향후 필요시, 그 결과에 따라 부분적인 제도개선 여부를 검토
  할 것임

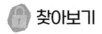
찾아보기

지은이 이재성

　　서울대 물리학과 졸업
　　어울림병원 이사장
　　블록체인 DAS ACADEMY 부원장
　　혁신금융서비스협회 부회장
　　현) 일류코리아(토큰증권 플랫폼전문회사) 대표이사
　　현) O~ASSET (오 에셋.DeFi) 대표이사 현재

미래 투자전략의 **핵심축**

토큰증권

STO

Security Token Offering

초판 2023년 11월 6일
발행일 2023년 11월 16일

지은이 이재성
펴낸이 박유자

전체 총괄 박상은
편집책임 신영애
편집 이성주, 강민규, 김민소, 고유리, 지현, 신창화
디자인 글씸(U&J)임재승
마케팅 김민준

펴낸곳 유엔제이(U&J)
출판등록 2007년 3월 7일 제2007-000035호 ⓒ 2023 유엔제이
주소 (07261) 서울시 양천구 목동동로 233-1, 1402호
전화 02-2672 8301　　**전자우편** sky05020@hanmail.net

값 17,000원

ISBN: 979-11-963151-1-5 03320